R 11932

Berlin
1761

Le Guay de Prémonval, André-Pierre

Vues philosophiques, ou Protestations et déclarations sur les principaux objet des connoissances humaines

Tome 2

BELLEVALLEE

p.^e
R. 2240.
16. B.

VUES PHILOSOPHIQUES;
OÙ PROTESTATIONS
ET
DECLARATIONS
sur les principaux Objets des Connoissances humaines;
PAR
M. DE PRÉMONTVAL.
TOME II.

Seconde Edition.

À BERLIN,
chez JOACHIM PAULI.

M DCCLXI.

VUES PHILOSOPHIQUES,

ou

PROTESTATIONS ET DECLARATIONS
sur les principaux Objets des Connoissances humaines.

SUJETS
DE DISSERTATIONS.

L'Académie Royale des Sciences propose tous les ans un prix, dont chacune de ses Classes tour-à-tour fournit le sujet. Voici comme l'on procede pour le choix. Chaque Académicien, de la Classe dont c'est le tour, apporte une ou plusieurs Questions. On se les communique, ou de vive voix, ou par écrit ; & celle qui paroît la plus neuve, ou la plus intéressante, ou seulement le plus de raison, a pour elle l'unanimité, ou la pluralité des suffrages. Il est visible que personne n'a lieu de trouver mauvais, si les Questions, qu'il a crû pouvoir proposer, n'obtiennent point la préférence. Dans le dessein de rendre un compte exact de mes Fonctions Académiques, comme je l'ai annoncé dans le premier Volume, je place ici le Morceau suivant, que je présentai dans une occasion de cette nature, le 10 Mai 1753. Ce Morceau renferme deux Questions ; l'une de Métaphysique, & l'autre de Morale, pour la raison que l'on va voir. Quelquefois on n'apporte que de simples Enoncés des Sujets. D'autres fois aussi on les motive par un mot d'explication. C'est ce dernier parti que j'ai suivi.

,, Avant que je sûsse, Messieurs, que
,, vous aviez dessein de vous en tenir
,, cette

„ cette année à un Sujet de Morale,
„ plûtôt qu'à quelque Sujet contentieux
„ de Métaphysique, il m'étoit venu dans
„ la pensée de proposer celui-ci, dont
„ l'importance est très sensible.

„ Déterminer lequel de ces deux Prin-
„ cipes est le moins suspect d'être
„ *subordonné* à l'autre, lequel est
„ *le plus universel, le plus sublime,*
„ *le plus digne de la sagesse du Créa-*
„ *teur & de l'Ordonnateur des cho-*
„ *ses;* (ces Expressions magnifi-
„ ques, que j'emprunte d'où vous
„ savez, sont à leur place:) l'un
„ soûtenu fortement par le pre-
„ mier Leibnitz & par ses Disci-
„ ples; *Que l'Etre suprême a réu-*
„ *ni dans le Monde son ouvrage, un*
„ Meilleur *à un* plus Grand,
„ *exécuté par* les plus simples
„ Voyes: l'autre découvert par
„ le second Leibnitz, notre illus-
„ tre Chef; *Que dans tous les chan-*

A 2 „ *gemens*

„ *gemens qui arrivent dans l'Uni-*
„ *vers, la somme des Produits de*
„ *chaque Corps multiplié par l'Es-*
„ *pace qu'il parcourt, & par la*
„ *Vitesse avec laquelle il le parcourt,*
„ *ce qu'on appelle la* Quantité
„ d'Action, *est toûjours* la plus
„ petite *qu'il soit possible.*

„ *Comme ce Meilleur, ce plus Grand,*
„ *exécuté par les plus simples Voyes*, a je
„ ne sais quel éclat éblouissant que n'a
„ point la sombre profondeur *d'un Pro-*
„ *duit de la Masse, de la Vitesse & de*
„ *l'Espace*, dont il faut absolument que
„ l'Epargne soit le principal objet de
„ l'infinie Sagesse, & presque l'unique
„ but; j'ai fait réflexion, qu'à moins
„ que quelqu'un d'entre nous ne se don-
„ nât la peine de guider les Concur-
„ rens dans la route qu'ils devroient te-
„ nir, comme on eut la bonté de faire
„ il y a quelques années au sujet de la
„ fameuse Question des *Monades*, il se-
„ roit

,, roit à craindre que plusieurs ne s'y
,, méprisent.

,, Je me range donc à l'avis de choisir
,, un Sujet de Morale. En voici un qui,
,, je crois, n'a jamais été proposé, quoi-
,, qu'assurément il ait été de saison dans
,, tous les tems.

,, Déterminer la nature & l'étendue du
  ,, devoir de la *Rétractation*.

,, On sait bien en gros, que lorsqu'on
,, a avancé ou soûtenu quelque erreur en
,, quelque genre que ce soit, on est obli-
,, gé à se rétracter : mais il me semble que
,, l'on n'a pas assez approfondi jusqu'à
,, présent la nature de ce devoir, son
,, étendue, & le degré d'obligation qu'il
,, impose. Je voudrois qu'on le com-
,, parât à celui de la Restitution, &
,, qu'on fît voir, qu'outre qu'il est toû-
,, jours sans inconvénient; toûjours pos-
,, sible; toûjours sûr; toûjours honora-
,, ble; toûjours d'une exécution aisée,
,, d'un moment à l'autre, ne demandant

,, qu'un

„ qu'un mot, *Erravi*; il est encore d'u-
„ ne plus étroite obligation, en tant
„ que d'une importance, & plus gran-
„ de, & plus générale. Car, celui qui
„ dérobe, ne fait tort qu'à un petit
„ nombre de personnes, dans des espaces
„ de lieu & de tems très bornés, & en
„ un genre de Biens périssables & de peu
„ de valeur : au lieu que des Philoso-
„ phes, par exemple, qui accréditent de
„ tout le poids de leur autorité quelque
„ Erreur de droit ou de fait, dérobent
„ autant qu'il est en eux la Vérité,
„ l'inestimable Vérité, à toute la terre
„ & à tous les siecles.

„ Pourquoi donc, Messieurs, est-il
„ sans comparaison moins rare, de voir
„ des gens qui se sont approprié de ma-
„ niere ou d'autre le bien d'autrui, ve-
„ nir à restitution, sans y être forcés;
„ que de voir de dignes, de vertueux
„ Philosophes, avouer des méprises,
„ dont on ne sauroit douter qu'ils ne
„ soyent

„ foyent convaincus dans l'ame, quoi-
„ qu'ils puffent fe faire un honneur in-
„ fini par ce moyen ?

„ La Queſtion, bien maniée, pouroit
„ être d'une utilité confidérable.

Dans l'Avertiſſement qui eſt à la tête de mes *Penſées* fur la Liberté, en annonçant ce petit Morceau au nombre de mes *Pieces Académiques*, j'ajoûte qu'il feroit accompagné de *Remarques*. Ces Remarques font des Pieces complettes, où je traite & agite moi-même les deux Queſtions, avec toute l'exactitude dont je fuis capable. Quoique ces Pieces ne fuſſent peut-être pas trop étrangeres à ce Volume, je fuis cependant contraint de les renvoyer, même fort loin, pour les joindre à d'autres avec lesquelles elles font liées plus étroitement. Elles ne trouveront leur place (autant que je le puiſſe préſumer,) qu'après le fix ou feptieme Volume; mais le Lecteur n'y perdra rien.

La Question à quoi l'Académie s'en tint, comme l'on sait, fut celle de l'*Optimisme*: Sujet de Morale & de Métaphysique tout à la fois; de la Morale la plus transcendante & de la plus contentieuse Métaphysique. Elle fut énoncée en ces termes.

„ On demande l'examen du Système
„ de Pope, contenu dans la Pro-
„ position; *Tout est bien.*

„ Il s'agit, 1°. de déterminer le
„ vrai sens de cette Proposition,
„ conformément à l'hypothese de
„ son Auteur.

„ 2°. De la comparer avec le
„ Système de l'*Optimisme*, ou du
„ *Choix du Meilleur*, pour en mar-
„ quer exactement les rapports &
„ les différences.

„ 3°. Enfin d'alléguer les Rai-
„ sons que l'on croira les plus pro-
„ pres à établir, ou à détruire ce
„ Système. „

Cer-

Certainement, quoi qu'en ayent dit les Critiques, la Question est belle, & très bien présentée. Je me fis un plaisir de contribuer de ma voix à la préférence qu'elle obtint. Mais prévoyant, de quel fatras de raisonnemens nous allions être accablés, (ce qui ne manqua pas,) de la part, surtout, de ceux qui prétendent que *Tout est bien* dans ce Monde misérable & pervers; je jettai sur le papier la Piece suivante, que je ne communiquai pourlors qu'à quelques Amis.

LA FAUSSE MINERVE;

OU

LE BON AVIS DE MOMUS.*

Un jour les cris des Etres vivans s'éleverent jusqu'aux Cieux. A travers des millions de demandes oppoſées les Dieux dans l'éloignement ne comprirent autre choſe, ſi ce n'eſt que tout gémiſſoit.

„ Ha-

* Le titre de *fauſſe Minerve*, & les Dieux de la Fable Acteurs de cette Piece, montrent aſſez que ce n'eſt que la fauſſe idée de la Sageſſe divine, & de la Divinité, qu'on y prétend combattre. Les Dieux, ſortis de l'imagination des Poëtes, ne ſont pas plus éloignés de la vérité, que celui de la plûpart des Théologiens & des Philoſophes de nos jours, chez qui le cruel Arbitraire, ou le plus cruel Fatalisme, tranche & décide de tout.

C'eſt ce qui n'a que trop paru dans les Pieces envoyées à l'Académie ; pour, ou contre l'Optimiſme; à l'occaſion de quoi ce Badinage a été fait.

„ Habitans de l'Olympe, s'écrie Jupi-
„ ter, ah! pouvons-nous, avec la Bon-
„ té dont nous nous piquons, souffrir
„ ce mécontentement universel? A quoi
„ employerions-nous mieux notre infi-
„ nie Puissance, qu'à rendre heureux
„ tout ce qui respire? J'y réussirai:
„ j'en jure par le Styx. „

Tous les Dieux dans une bonne veine applaudirent à ce projet, & firent le même serment.

Les voilà descendus sur la Terre. Paroissez, Mortels: Hommes, Animaux, exposez distinctement vos desirs. La Toute-Puissance des Dieux a juré de les satisfaire.

„ Je ne veux point de supérieur, dit
„ César. Et moi, pas même d'égal,
„ reprit Pompée. „

Ah, dit Alexandre; (car la différence des tems n'est rien pour les Dieux:)
„ Ah! que cette Terre est petite pour
„ mes triomphes! Que j'y suis à l'é-
„ troit!

„ troit! C'est peu d'y étendre mes con-
„ quêtes. Que ne puis-je m'ouvrir un
„ chemin vers les Astres, que je soup-
„ çonne remplis de Peuples & d'Empi-
„ res, quoique mon traître de Maître
„ ne m'en dise mot. „ *

D'orgueilleux Philosophes préten-
doient que tout ce qui avoit été dit &
trouvé avant eux, n'eût été pensé que
par eux.

Les Enfans d'Esculape prenoient le
Dieu par la barbe, & lui demandoient à
grands cris les Maladies, les malignes
Influences des Astres, toutes sortes d'Accidens fâcheux; tandis que les Autels
fumoient de toutes parts pour obtenir
des Dieux une Santé parfaite.

„ Paix,

* On a prétendu qu'Aristote avoit connu la Pluralité des Mondes: (comment une vérité eût-
elle échappé à Aristote?) „ mais qu'il n'en
„ voulut jamais rien dire, de peur de fâcher
„ Alexandre, qui eût été au désespoir de
„ voir un Monde qu'il n'eût pas pû conqué-
„ rir. „ *Mondes de Fontenelle.*

„ Paix, divine Paix, céleste Concor-
„ de, viens régner parmi nous ; „
crioient les tranquilles Laboureurs, les
Marchands timides. „ Infernale Erin-
„ nys, secoue partout tes Flambeaux.
„ Grands Dieux, livrez-lui la Terre: „
c'étoient les vœux des sanglans Satel-
lites de Mars, & des noirs Suppôts
de Thémis, moins furieux & plus à
craindre.

Mêmes Discords parmi les Animaux,
sur la Terre, dans l'Eau & dans les
Airs.

Le Loup vouloit sa table bien garnie
de Moutons : ceux-ci de leur côté le
condamnoient à mourir de faim.

Point de Brochet qui ne prétendit
manger son semblable, & n'avoir jamais un pareil sort.

Point de petit Oiseau qui ne fon-
dât sa cuisine sur les Insectes, en mau-
dissant l'Epervier dont l'œil avide le dé-
voroit.

„ Quelle

„ Quelle Mangerie, s'écria de nou-
„ veau Jupiter ! Sont-ce donc là les
„ Ouvrages de notre Bonté ! Où étions-
„ nous, quand tout cela se fit ?.... Mais
„ que ferons-nous pourtant ?...,,

Les Dieux s'entre-regardoient, &
jettoient les yeux sur Minerve, qui dit
que TOUT ETOIT BIEN. „ Oui, mais
„ tout enrage, morbleu, ma Fille, avec
„ ce BIEN, dit Jupiter ! Nous avons
„ juré de les rendre contens. Encore
„ un coup que faut-il faire ? „

Point de réponse..... „ Oh bien !
„ je m'en charge, moi, dit Momus.
„ Sage Déesse, que pensez-vous de ces
„ Créatures ? les trouvez-vous fort
„ sensées ? „

Très folles, repartit Minerve ! *De par tous les Dieux, très folles, & très extravagantes ! Mais cela n'empêche pas que* LES DIEUX QUI LES ONT FAITES, NE SOYENT TOUTE-SAGESSE.*

„ Ce

* Pope *Essai sur l'Homme.*

„ Ce n'est pas-là ce dont il s'agit,
„ reprit Momus. Jupiter a juré le Styx,
„ & nous auſſi; non, que nous ren-
„ drions ces Créatures, ſages; mais
„ que nous les rendrions heureuſes.
„ L'autre ferment peut-être eût valu
„ mieux. Tenons-nous-en à celui-ci;
„ & ce ſera mon affaire, Dieux immor-
„ tels, & vous prudente Minerve,
„ puiſque vous ne voulez pas que ce
„ ſoit la vôtre.

„ D'abord j'ai remarqué qu'elles s'ac-
„ cordent toutes à deſirer une longue
„ vie. Je leur octroye l'Immortalité, &
„ une Immortalité plus paiſible que
„ celle dont nous jouiſſons. A l'aide
„ d'un ſecret que j'ai découvert depuis
„ peu, je les tiens dans une Inaction
„ complette; encore mieux, dans un
„ Sommeil léthargique, qui nous diſ-
„ penſe de partager avec tant de nou-
„ veaux Convives le Nectar & l'Am-
„ broſie : Grande Epargne pour nos
„ Celliers!   „ Alors,

„ Alors, au lieu de cette Folie
„ cruelle & si funeste, que vous souf-
„ frez en eux, sage Déesse, je leur en
„ inspirerai de douces & de bénignes,
„ au moins quant aux effets. Il ne s'a-
„ git que de toucher certaines fibres de
„ leurs cerveaux.... Voyez ces Héros,
„ comme ils ne rêvent que combats,
„ que triomphes, & comme chacun
„ d'eux se trouve bientôt le maître uni-
„ que de toute la Terre, sans effusion
„ d'une goute de sang !*

„ Voyez ce Loup, (autre Héros!)
„ comme il se repaît de carnage, sans
„ qu'aucune innocente Brebis ait à ré-
„ clamer notre Justice!

„ Voyez ces Philosophes; voyez ces
„ Poëtes; voyez ces Petits-Maîtres! Il
„ n'y en a pas un qui ne l'emporte de
„ haute lutte sur ses Rivaux.

„ Voyez

Le Lecteur mal-intentionné est averti de suspendre ses Jugemens; s'il ne veut recevoir,
dans la Piece suivante, le Démenti le plus
honteux.

„ Voyez ces Coquettes! Pas une qui ne
„ tire à soi tous les hommages... Cette
„ Vieille! cette Vieille décrépite enleve
„ des adorateurs à Vénus-même.

„ Que de trésors entassés, accumu-
„ lés, autour de cet Avare!

„ Que de mets exquis sur la table
„ de ce Voluptueux. Quels concerts!
„ Quels parfums! Et que d'objets ravis-
„ sans destinés à ses plaisirs!

„ En deux mots, mon avis est; *que*
„ *puisque rien n'est si aisé que de satisfaire*
„ *les gens en* ILLUSIONS, *& qu'il est*
„ *impossible d'y réussir en* RÉALITÉS,
„ *nous prenions le parti de faire tant*
„ *d'heureux* à si peu de frais. „

Qu'eût pû dire Minerve de plus sage &
de plus sensé? Mais la jalouse Déesse qui
se vengea si cruellement d'Arachné, frémit de rage, & eût transformé le Dieu en
quelque monstre nouveau, si cela n'eût
passé son pouvoir. Elle eût la ressource des
Savans confondus. Elle parla beaucoup;

menaça de faire de plus gros volumes; débita force verbiage métaphysique à quoi personne n'entendit rien ; y mêla force invectives que tout le monde comprit fort bien; enfin elle traita le Dieu d'esprit bouché, d'esprit de travers, d'ignorant *qui ne savoit pas l'Ontologie.* Sa conclusion fut, „ que pour que tout fût „ bien, il falloit qu'il y eût des Maux „ sans nombre & de toute espece. „ Les Dieux eussent eu honte de n'être pas de son avis; l'Opinion les gouverne aussi bien que nous. Ils retournerent sur l'Olympe, disant „ que si les Habitans de la „ Terre n'étoient pas contens, ils de- „ voient l'être. „

Belle Décision, qui divertit Momus & le fit rire à leurs dépens.

Desipere in loco.

CON.

CONTRASTE
entre
ALEXANDRE & le SAGE de BRANDEBOURG.

Tous les Héros se ressemblent assez, depuis le Fou de Macédoine jusqu'à celui de Suede; dit M. Pope.* Je m'écrie, à ce sujet, dans une Pensée du *Diogène:* ** „ Allez, allez, Héros; trou-
„ blez votre repos & celui des Hom-
„ mes, dans l'espérance d'un peu de
„ gloire, pour qu'un Sage, tranquille
„ dans son cabinet, vous qualifie *le Fou
„ de Macédoine & celui de Suede*, & que
„ l'Univers y applaudisse! „

Dans un autre endroit, après avoir dit que je ne me trouve à mon aise que dans un Univers infini, & que, quand les bornes de l'Etre seroient à cent-mille-millions de millions de fois la distan-

* *Essai sur l'Homme.*
** *Page* 16 *de la seconde Edition.*

ce de la Terre aux Etoiles fixes, j'étoufferois dans une demeure si étroite; ou, pour parler sérieusement, que je n'aurois qu'une idée très mince d'un Dieu, dont les actes de Puissance & de Bonté se termineroient à si peu de chose; j'ajoûte:* „ L'ambition démesurée d'Ale-
„ xandre lui fesoit trouver la Terre trop
„ petite pour ses conquêtes.

    Æstuat infelix angusto limite mundi.

„ Les idées saines du Philosophe font
„ qu'il ne se trouve à son aise que dans
„ un Univers sans bornes. Je dis ses
„ idées saines. Quant à l'usage & aux
„ connoissances, c'est autre chose. A l'é-
„ gard de ce que le Philosophe en peut
„ connoître, la Création sera toûjours
„ trop vaste: plus encore qu'il n'étoit
„ vaste, ce chétif Globe, pour ce Ver
„ ambitieux qui soupiroit après les E-
„ toiles, quoiqu'il n'eût rampé que sur
„ la vingtieme partie, tout au plus, de
„ cette Boue que nous habitons. „

    * Pag. 202 & 203.

Je

Je me suis énoncé avec cette énergie en plusieurs autres rencontres. Là dessus, les Cotins dont j'ai parlé dès le commencement de cet Ouvrage; (Page 13 du Tome I.) Cotins, si semblables à ceux dont la basse malignité fesoit dire à Despréaux.

Vous aurez beau vanter le Roi dans vos Ouvrages,
Et de son nom sacré sanctifier vos pages :
Qui méprise Cotin, n'estime point son Roi. &c.

Ces honnêtes-gens donc, je le sais, ont empoisonné de tout leur venin, la liberté que j'ai prise, de témoigner mon peu d'estime pour les Héros, & pour Alexandre en particulier; en quoi je n'ai d'autre reproche certainement à encourir, que de m'être rencontré avec un trop grand nombre d'Ecrivains, tant anciens que modernes, Poëtes, Orateurs, & Philosophes.

Despréaux fut dans le cas. Tout le monde sait ces vers de la Satyre VIIIe.

> Fut-ce un fou qu'Alexandre ?
> Qui ? cet écervelé qui mit l'Asie en cendre ?
> Ce fougueux l'Angely, qui de sang altéré,
> Maître du Monde entier, s'y trouvoit trop serré ?
> L'enragé qu'il étoit, né Roi d'une Province,
> Qu'il pouvoit gouverner en bon & sage Prince,
> S'en alla follement, & pensant être Dieu,
> Courir comme un Bandit qui n'a ni feu ni lieu,
> Et traînant après soi les horreurs de la guerre,
> De sa vaste folie emplir toute la Terre.
> Heureux ! si de son tems, pour cent bonnes
>   raisons,
> La Macédoine eût eu des Petites-Maisons !

On voulut faire au Satyrique un crime de ces vers, comme s'il avoit eu dessein de toucher indirectement l'humeur guerriere & les conquêtes de Louis XIV.

> Et le Roi, que dit-il ? Le Roi se prit à rire.*

Rien en effet de plus ridicule. Cependant le Poëte prêtoit un peu à la malignité, en ce qu'il étoit tombé, plus d'une fois, dans la comparaison banale du Roi avec Alexandre ; entr'autres en

carac-

* *Epître* à Mr. de Lamoignon.

caractérisant le Héros du Poëme Epique.

  Qu'il soit tel que César, Alexandre, ou Louis.*

Pour moi, je n'ai jamais confondu ce qu'on appelle vulgairement *un Héros,* avec le grand Homme & le sage Monarque. Je n'ai jamais conçu le rapport qu'on trouve entre un Insensé, né pour le malheur de la Terre & de ses propres Etats, & un Roi Philosophe, que j'ai loué moi-même comme *le plus sage & le plus éclairé des Rois*: un Roi, dont la plus grande partie du regne a été le regne de la Paix & des Arts; qui ne fait la guerre, & ne l'a faite, & ne s'y est préparé de longue main, que pour assurer la tranquilité de ses Sujets, garantir leurs biens, leur vie, leur Religion, & ce qui intéresse un Philosophe plus que la vie & les biens, la Liberté philosophique. J'en ai parlé sur ce ton en trente en-

* *Art Poëtique* Chant III.

endroits de mes Ecrits, soit imprimés, soit lûs à l'Académie ; quoique sachant très bien qu'on le lui laisseroit ignorer. N'importe : j'ai fait mon devoir, en cela comme en tout le reste ; ce m'est assez.

Amené par mon Sujet, dans le court Avant-propos qui est à la tête du *Diogène*, à mettre en regard Alexandre & notre Monarque, comment l'ai-je fait ? Me livré-je à une allusion qui ne manque point de finesse, de façon à en perdre de vûe les idées justes des Choses & des Personnes ? ,, Le nouveau Diogène ne ,, heurte point les Puissances, & ne dit ,, point fièrement au Conquérant de l'A- ,, sie; *retire-toi de mon Soleil.* Il deman- ,, de noblement à PLUS DIGNE qu'Alexan- ,, dre *l'asyle sacré de son Ombre*, & de le ,, punir s'il en abuse. ,,

En un autre endroit... Le plus digne Mécène, quel est-il selon moi ? *Octave auprès d'Auguste.**

* Page 80.

Immé-

Immédiatement après, que ne donne point à entendre cette Pensée, qui a pour titre *les Renommées* ?

„ Achille, Héros presque fabuleux,
„ espece de Cacique d'un petit Peuple
„ encore sauvage, doit sa Renommée
„ aux rêveries d'un Poëte. Alexandre,
„ Héros qui n'a été que trop réel pour
„ le malheur du Monde, a plus été dé-
„ crié que vanté par les Poëtes de tou-
„ tes les Nations, & n'a point d'Histo-
„ riens qui ne lui soyent postérieurs de
„ plusieurs siecles. Les deux premiers
„ Césars plus grands Hommes que Hé-
„ ros, surtout le second, n'ont été rien
„ moins que mis au rang des Dieux par
„ des Poëtes à gages; mais s'ils n'avoient
„ que de beaux vers pour garans de
„ leurs actions, je doute fort que leur
„ Renommée fût ce qu'elle est, comme
„ je suis sûr qu'elle ne seroit guere
„ moins solide, quand ces Poëtes auroient
„ péri. Titus, l'amour du Monde, a

„ des Historiens exquis. Constantin &
„ Théodose n'en ont eu lontems que
„ de très médiocres, & Charlemagne de
„ détestables. Reposez-vous, Frédé-
„ ric, sur l'éclat de votre Regne & sur
„ la grandeur de vos Actions. „

Mais, me dira-t-on, ne voyez-vous pas que les idées justes vous échappent, comme à Despréaux? Est-ce que votre Discours sur *la Durée des Réputations* ne détruit point ce que cette Pensée a de flatteur?... Il ne le détruit nullement. Cette Pensée n'établit autre chose, si non que les Actions du Roi s'assurent, par elles-mêmes, une Renommée indépendante des dispensations de nos Beaux-Esprits, de leurs faveurs ou de leurs caprices. Que, toutes dignes, & très dignes qu'elles soyent de l'Immortalité, elles doivent résister au torrent rapide qui va tout entraîner dans la nuit des tems; c'est une autre question. S'il faut que le souvenir d'un Achille ou d'un A-
lexandre

lexandre soit plus durable que celui de Frédéric, ah! combien cela doit encore avilir à nos yeux cette Gloire, objet de tant de desirs

Mais, insiste-t-on, mais pourquoi, sous un Regne si glorieux, mettre la vanité de la Gloire, surtout relativement à notre siecle, à nous, à nos grands Hommes, dans le Point de vûe le plus démonstratif qui fut jamais?... C'est que sous un Regne si glorieux, le Philosophe n'en est que plus obligé de dire la Vérité, dans les matieres de son ressort. C'est que j'ai été appellé à considérer la chose sous ce Point de vûe si sensible, si démonstratif, comme le plus propre à détruire l'accusation que j'encourois moi-même, de ne me proposer que cette folle Gloire, pour but, dans la carriere philosophique. C'est que j'ai voulu m'élever, moi, & mon siecle, & les siecles qui vont suivre, à de plus dignes motifs. C'est qu'enfin (pour

tout

tout dire) parlant sans cesse de Liberté, les petites craintes, les considérations timides, les fausses délicatesses, ne doivent point être capables de m'arrêter, & que j'ai dû faire voir qu'en effet elles ne m'arrêtoient point.

Quelle roideur! On en pénetre le principe, ajoûte-t-on.* Tandis que les graces du Monarque vont chercher, dans

* C'est sur quoi les Cotins appuyent le plus; & c'est ce qu'insinue chrétiennement un Apôtre de Charité, que j'avois prévenu, moi, par un témoignage public d'estime qui ne l'a pas empêché, pour faire sa cour à certaines Gens, de me noircir en cette sorte, *Lettres sur le* Diogene &c. ,, Le nouveau Diogène promet de
,, ne point *heurter les Puissances*; & l'on a
,, trouvé qu'il en parloit avec plus de mépris
,, & de hauteur que l'ancien. Il prétend qu'il
,, *ne foule point aux pieds le faste de Platon*;
,, qu'il *n'insulte point Aristippe*; qu'il *ne*
,, *tourne point Zénon en ridicule, au lieu de le*
,, *réfuter*; qu'il *ne porte point envie à leur*
,, *faveur & à leur réputation*: & l'on montre dans son Ouvrage des Pensées où il
,, le

dans l'obscurité, tant d'Indigens qui n'ont d'autre recommendation que leur Indigence, elles ne daignent point s'étendre jusqu'à vous. Vous avez lieu de de vous croire méprisé; & votre Chagrin.... Qui ne me connoît point, ne m'estime ni ne me méprise. Je n'ai rien demandé, rien prétendu; & je jouis du Bienfait commun *de respirer l'Air libre de ses Etats*, avec autant de reconnoissance, que ceux qui sont le plus comblés de ses Faveurs. Si j'ai témoigné de justes Chagrins, c'est contre ceux, quels qu'ils soyent, qui ont anéanti ce Bienfait à mon égard, autant qu'il a été en eux

„ le fait. „ Viennent ensuite les accusations d'Hérésie & d'Impiété; car il en faut pour tout le monde. Je le condamne, pour toute vengeance, à produire les Pensées du Diogène, où je parois *porter envie à la faveur ou à la réputation* de qui que ce soit; ou bien à ne jamais prêcher avec édification de son Auditoire, sur la Calomnie, les malignes Imputations, les Jugemens téméraires, ni rien de ce qui blesse la Charité.

eux, par mille lâches intrigues, jusqu'à me contraindre par exemple, chose honteuse! de me retourner vers des Libraires étrangers, parcequ'ils ont sû dissuader ceux de Berlin *de se mêler de ce qui me concerne*. Du reste, que ces Gens-là, ou leurs semblables, interdisent à mes Ouvrages,

dont peut-être ils font cas,
L'entrée aux pensions, où je ne prétens pas ; *

je n'en concourrai que mieux à la gloire de ce Regne, si la Gloire est quelque chose, & cela, au jugement de ceux-mêmes, qui la comptent pour quelque chose.

Non, pour louer un Roi que tout l'Univers loue,
Ma langue n'attend point que l'argent la dénoue!

Et ce qui est au dessus de la Gloire; je saurai, par le plus digne & le plus éclatant usage de la Liberté qu'accorde ce Regne, concourir à l'Utilité dont il doit être.

* Satyre IX. de Despréaux.

être. J'attefte le Ciel que je ne me propofe pas de but moins relevé, comme Philofophe, & comme Membre d'une Académie dont le Monarque eft Protecteur.

C'eft à ce titre que je place cette Déclaration au rang de mes *Pieces Académiques*. L'on fe trompe, fi l'on croit que je me flatte par une Déclaration fi pofitive, d'échapper à la Malignité conjurée vifiblement contre moi. Je fais que je ne fais qu'aigrir, à l'excès, des Gens fous les coups de qui j'ai réfolu de brifer plûtôt que de ployer. Je fais ce que des Rapports indirects, d'infidelles Extraits, d'adroites & de perfides Lectures, faites à des Perfonnes, ou diftraites, ou trop occupées, font capables de produire. Je le fais. En tout cas, j'ai mis fous les yeux du Public matiere à réflexions. Il comprendra ce que le nouveau Diogène a voulu dire, Page 63. „ On peut répondre de fa conduite;
„ mais

„ mais on ne répond point des effets de
„ la Calomnie. Le Sage, par l'innocence
„ de sa vie, réduit ses Envieux à ne lui
„ pouvoir nuire que par des crimes:
„ mais n'avoir que des crimes à crain-
„ dre de la part des Hommes, n'est
„ pas une raison de vivre plus ras-
„ suré. „

Je reviens aux Pieces, qui ont eu pour occasion, l'important Problème sur l'*Optimisme*, proposé par l'Académie.

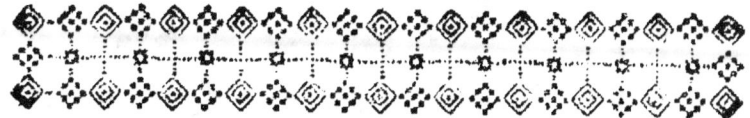

MAL-ENTENDU GENERAL
dans la Queſtion
DE L'*OPTIMISME*.

Il n'y a point de Sujet, ſur lequel je doive ramener plus fréquemment mon Lecteur, & avec plus de complaiſance, (heureux, ſi je puis lui faire partager ce vif intérêt!) que ſur celui de *l'Optimiſme*, ou du *Choix du Meilleur* dans l'action de l'Etre ſuprème. Je n'en veux toucher qu'un mot en cet endroit, pour ſervir de correctif au badinage un peu fort de l'*Avis de Momus*. On reconnoîtra, d'une maniere ſenſible, ce que j'ai dit dans le premier Volume ; que telle Penſée, telle Piece même, qui priſe ſéparément, pouroit paroître chez moi plus que ſuſpecte, priſe dans l'Enſemble de mes Idées change de nature du tout au tout.

Ce Railleur profane de l'Optimisme en est peut-être le plus zélé Partisan, pourvû qu'on réduise le Système à une juste mesure, & que l'on n'y confonde rien; ce qui, à la vérité, est fort rare, pour ne pas dire sans exemple. Je ne sache personne qui n'outre la mesure, en étendant l'idée de l'Optimisme, de l'action de Dieu jusqu'à la perfection du Monde; comme si le Monde, ou cette Collection d'une infinité d'Etres, qui se modifient eux-mêmes & les uns les autres tant bien que mal, n'étoit, dans toutes ses modifications, que le résultat de la seule action de Dieu. Personne donc qui ne confonde absolument ces deux Propositions;

Dieu choisit essentiellement le Meilleur entre tous les possibles.

Le Monde est le meilleur de tous les Mondes possibles.

Ou bien, on ne les distingue tout au plus que comme une Conséquence très légitime.

time, & sa Prémisse immédiate. Selon moi pourtant, ces deux Propositions sont si différentes, & si éloignées d'être liées, ou *liables* en aucune sorte, que je tiens la seconde du plus haut degré de fausseté, & l'Opinion qui la soûtient pour le délire philosophique le plus complet. C'est la fausse Minerve, objet des railleries de Momus. L'autre, je la tiens pour une vérité si évidente, & en même tems si nécessaire & si sacrée, qu'autant vaut-il, à ce qu'il me semble, renoncer à l'idée de Dieu, que d'en former le moindre doute. Un peu de développement, quoique ce ne soit pas ici le lieu de m'engager dans cette matiere, ne sera pas hors de propos.

Le Monde est le meilleur de tous les Mondes possibles: C'est-à-dire que la Suite de tous les Evénemens passés, présens & futurs, est celle qui contenoit le moins de mal & le plus de bien qui fût possible, tant à l'égard du Physique que du Moral.

Ne parlons que de ce dernier qui est d'une toute autre importance.

C'est donc à dire, que si un seul d'entre les Hommes pervers, qui depuis le commencement du Monde n'ont point suivi les lumieres de la raison, ni écouté les reproches de leur conscience, fût venu à changer de conduite, le Monde en eût valu moins? C'est-à-dire, que si tous ceux à qui l'on prêche, ou à qui l'on prêchera de se convertir, & qui n'en feront rien, venoient à le faire, le Monde y perdroit beaucoup?

Que l'on débite autant de lieux communs que l'on voudra: on ne m'ôtera pas de l'esprit que l'infinie Sagesse se moqueroit de nous. Si nous ne lui obéissons point, lorsque par la voix de la Conscience, ou par celle de ses Ministres, elle nous presse de nous conformer à ses Loix, c'est de deux choses l'une;

ou

ou que la chose n'est possible dans aucun Monde; ou que cette amélioration de tous tant que nous sommes, gâteroit, corromproit cet excellent Monde où elle nous a mis. Et que dirons-nous de la Justice qui nous punit? de la Bonté, de l'infinie Bonté qui nous voit punir tranquillement, pour n'avoir point fait ce qui n'est possible dans aucun Monde, ou ce qui ne l'est pas dans le meilleur? ce qui changeroit le meilleur, au point de n'être plus le meilleur? au contraire d'avoir fait ce qui est essentiel au meilleur? ce qui le constitue le meilleur?

Il est donc d'une insigne fausseté, de prétendre que ce Monde est le meilleur possible; ou même, en termes plus adoucis & plus modestes, le moins mauvais. La moindre bonne action que nous pouvons faire & que nous ne fesons pas, le rendroit meilleur. Le moindre crime, le moindre travers, où nous pourions ne pas tomber & où nous tombons, le rend pire. Et c'est de le rendre pire, ou de ne pas contribuer à le rendre meilleur, comme nous le pouvons, qui nous rend dignes de châtimens.

Voyons l'autre Propofition.

Dieu choifit effentiellement le Meilleur entre tous les poffibles: C'est-à-dire que l'Etre qui est essentiellement Toute-Bonté, Toute-Sagesse, & Toute-Puissance, choisit essentiellement, en tout ce qu'il fait, tant pour le Moral que pour le Physique, le plus grand Bien, qu'il aime aussi essentiellement qu'il le connoît, & dont aucune Force étrangere n'est capable de le détourner.

C'est-à-dire, que l'Etre, qui en tant qu'il est essentiellement Toute-Bonté, aime essentiellement le plus grand Bien qui lui soit connu; & en tant qu'il est essentiellement Toute-Sagesse, connoît essentiellement le plus grand Bien qu'il soit possible de réaliser; & qui de plus en tant qu'il est essentiellement Toute-Puis-

Puissance, est essentiellement maître de réaliser ce plus grand Bien, ce Meilleur, qui lui est connu, & qu'il aime essentiellement: c'est donc à dire, qu'infiniment exempt & d'erreur & de contrainte, cet Etre ne dédaignera point ce qu'il aime, ni ne méconnoîtra ce qu'il connoît.

C'est-à-dire encore un coup, que sa complaisance, son choix, son action, ne s'iront point arrêter lâchement à un degré inférieur à celui-là.

Ainsi donc, il est très faux, (malgré ce qu'ose soûtenir le plus grand nombre, sans contredit, des Théologiens & des Philosophes;) il est d'une fausseté au dessus de toute expression, que l'action de la Bénéficence divine puisse s'arrêter, & se soit effectivement arrêtée, avec complaisance, & par choix, dans tout ce qu'elle a fait, à un degré infiniment inférieur au degré suprème d'excellence; par conséquent, à un degré

chérit

chétif & misérable, en comparaison d'une infinité d'autres degrés qu'elle voit possibles.

Et il est très faux aussi qu'une pareille Bonté méritât de la reconnoissance; à moins que ce ne soit de n'avoir pas fait pis.

Pour moi qui ai eu le malheur, en quelques conjonctures de ma vie, de douter sérieusement de l'existence d'un Dieu, à cause des Préjugés cruels qui me croisoient alors dans l'esprit & y offusquoient la plus pure lumiere du jour; jamais, je n'ai eu le malheur de douter un seul instant, que s'il existe un Dieu, un Etre doué de Toute-Puissance, & qui soit aussi essentiellement bon qu'intelligent, il ne doive cet Etre, aimer, choisir, & faire le Meilleur, aussi essentiellement qu'il le connoît. Mais comment concilier la vérité nécessaire, indispensable, de cette Proposition, *Dieu choisit essentiellement le Meilleur*; avec la faus-

fausseté visible de celle-ci; *Ce Monde est le meilleur qui fût possible?*... Je ne vois pas qu'on ait été seulement dans le cas de songer à le tenter.

Tous ceux, sans exception, qui ont senti la fausseté de l'Assertion du *meilleur Monde*, ont méconnu la vérité & la nécessité du *Choix du Meilleur* en Dieu; jusqu'à dire hautement, forts par le Fait, à ce qu'ils prétendent; que l'Etre infiniment bon est si éloigné par sa nature d'être déterminé à choisir le Meilleur, que soit en durée, soit en nombre, soit en étendue; soit en perfection, soit en tout ce que l'on voudra, il est demeuré, en chacune de ses œuvres, infiniment au dessous de ce qu'il pouvoit, & ne laisse pas de s'y complaire à juste titre.

Tous ceux, au contraire, qui ont senti combien le *Choix du Meilleur* est essentiel au meilleur Etre, ont fait les derniers efforts, pour pallier l'étrange absurdité qu'il y a d'ériger ce Monde en *meilleur Monde*: & forts par le Fait, à ce qu'ils prétendent pareillement, ils ont soûtenu, non que le Mal moral ou Physique est absolument nécessaire en soi, mais qu'il est nécessaire au meilleur Monde, en sorte que si Dieu fesoit un Monde où il n'y eût point de maux, comme ils avouent qu'il le pouroit; un Monde, composé par exemple, d'autant de Chérubins, saints & heureux pour l'éternité, qu'il y a d'Etres de toute espece en celui-ci, ce Monde-là seroit, mais sans comparaison, moins parfait que n'est celui-ci.

Tels sont les monstres d'Opinions, qui se sont partagé la Philosophie jusqu'à nos jours. Point de milieu connu, ou que l'on daigne connoître, entre ces extrémités. *Quemvis mediâ erue turbâ.* Appellez, faites comparoître, qui vous voudrez, de la foule de ceux qui font profession de croire l'existence d'un Dieu,

Dieu, très sage & très bon. Vous ne trouverez personne, qui rangé à l'un ou l'autre de ces deux Partis injurieux au Dieu qu'il professe, n'en dévore généreusement l'extravagance. Chacun voit l'effroyable difformité de l'Opinion qui est contraire à la sienne. Il la voit en Lynx, & se bouche les yeux sur la difformité de celle qu'il embrasse. L'une cependant ne le cede guere à l'autre.... Et l'on s'étonne, que l'Impiété prenne de jour à autre le dessus, malgré tant d'Ecrits que l'on lance contre elle ! Je ne m'étonne moi, que de ne lui point voir tirer plus d'avantages, de ce flux & reflux scandaleux d'Opinions contradictoires, sur un Sujet, dit-on, très clair & très lumineux.

La source de ces Opinions si pernicieuses, & contre lesquelles on ne peut élever sa voix avec trop de force, je la trouve dans l'influence d'une fausse Théologie, qui a mis de cruelles entraves

ves aux pensées des Philosophes. On a généralement confondu cette Théologie avec la Religion. Ceux qui ont secoué le joug de l'une, secouant aussi le joug de l'autre, & se précipitant dans le Pyrrhonisme, n'ont eu garde de faire servir la liberté où ils se mettoient au dégagement des Vérités fondamentales. Tous les autres, (sans en excepter ceux qu'on accuse, ou qui se piquent, d'être le plus dégagés dans leur maniere de penser,) ont avec le fond de la Religion conservé mille Préjugés théologiques; des Idées inconciliables, qu'il a fallu ajuster comme on a pû; un Dieu Agent trop universel; un Pouvoir qui agit sur rien comme sur quelque chose, & par conséquent indépendant des moyens; Pouvoir dèslors responsable de tout le bien qui n'est pas fait; Indépendance chimérique; Liberté, Immutabilité, Science, prises dans des sens très suspects de s'étendre au delà du possible:

d'un

d'un autre côté, Bonté reſtrainte infiniment au deſſous du poſſible; Bonté preſque nominale; j'oſe dire, juſques dans le Syſtème-même des Partiſans de l'Optimiſme, & dans la bouche de ceux, qui font ſonner le plus haut le *Meilleur*, le *Choix du Meilleur*, eſſentiel à l'action de Dieu.

C'eſt de cet affreux Labyrinthe que j'ai fait tous mes efforts pour me tirer. Je rendrai par la ſuite un compte exact du ſuccès à mes Lecteurs, à qui il ſuffit d'aſſurer en général, pour réſultat, un Dieu auteur & créateur de tout bien, étranger à tout mal, & digne au dernier point de notre confiance & de notre amour. Sans me décider contre des Articles reſpectables, mais où je ſoupçonne de l'erreur; je me contenterai de propoſer d'abord, aux eſprits ſenſés & qui ne donnent point trop aux préventions, d'examiner avec moi les avantages, & les inconvéniens, s'il y en a, de cette

idée

idée de Dieu: „ Une Cauſe infiniment
„ bonne, ſage & puiſſante, à qui nous
„ ſommes redevables, non abſolument
„ de l'Etre, dangereux préſent; mais
„ du Bien - Etre, faveur réelle. Une
„ Cauſe, à qui nous n'avons point à
„ nous plaindre, de ce que, ſans notre
„ avis, elle nous a fait paſſer de l'état
„ tranquille du Non - Etre, où l'on ne
„ demande rien, & où l'on n'a beſoin
„ de rien, aux riſques effroyables de
„ l'Etre, ſoit dans cette vie, ſoit dans
„ une autre: mais qui, des riſques ef-
„ froyables de l'Etre où la nature des
„ choſes nous plongeoit, nous amene,
„ par les degrés les plus rapides qu'il
„ ſoit poſſible, à un état ſûr de Félicité,
„ en nous créant; au pied de la lettre,
„ d'une Création exquiſe; c'eſt-à-dire,
„ en nous feſant paſſer (ce qui eſt ſans
„ comparaiſon plus que du Non - Etre
„ à l'Etre,) de la Miſere au Bonheur,
„ & de l'Imperfection à la Perfection. „

O Dieu,

O Dieu, digne en effet, au dernier point, de notre confiance & de notre amour!

Rien n'a plus contribué à me convaincre de la néceſſité de s'ouvrir de nouvelles routes, ou de rouvrir d'anciennes routes, négligées, perdues depuis lontems, que la Queſtion propoſée par l'Académie ſur l'Optimiſme. Je ne parle point de l'application ſérieuſe, dont l'examen de cette multitude de Pieces, qui nous furent envoyées, me fit un devoir, je veux parler du caractere & de l'oppoſition même des Pieces. On ne peut nier qu'il n'y en ait eu pluſieurs d'eſtimables par la ſubtilité, ou par la profondeur des recherches; & celle qui a été couronnée eſt dans le cas. Mais bon Dieu! en toutes, quelles Opinions! En toutes vers quelles extrémités l'on ſe porte, déterminément, & ſans regarder derriere ſoi! Pas la moindre tentative; pas le moindre eſſai de tempérament entre

les

les Partis contraires. Ce qu'on est, on l'est sans partage & sans retour.

Je m'en étois douté. Il ne convenoit à personne moins qu'à moi, de prétendre servir de guide à ceux qui entreroient dans cette lice. Cependant je pouvois entreprendre de faire naître des vûes, surtout en m'y prenant d'une maniere si indirecte qu'on ne remarquât point mon intention. Dans ce dessein je me hâtai de produire mes *Pensées sur la Liberté*, plusieurs de mes *Pensées sur l'Homme*, & mon *Traité du Hazard sous l'empire de la Providence*, qui parut encore à tems à la fin de 1754. * Là, sans faire

---

* Le titre porte 1755 ; mais on n'ignore pas que les Livres qui paroissent vers la fin d'une année, portent la date de la suivante. Au besoin les Gazettes littéraires de Novembre & Décembre 1754, feroient foi que celui-ci avoit paru. Et pour tout dire, c'est qu'il en étoit question dans une des Pieces envoyées à l'Académie ; aussi bien que des *Pensées sur la Liberté*, qu'on y réfutoit, en les prenant dans un tout autre esprit que celui où je les ai données.

faire une mention expresse du Sujet de l'Optimisme, en tant que proposé par l'Académie, je ne laisse pas de présenter avec quelque adresse, toutes les lumieres & toutes les ombres, nécessaires pour faire ressortir l'idée que je souhaitois de voir approfondir. Ces Essais n'ont point été inconnus aux Auteurs de quelques-unes des Pieces que nous avons reçues; mais des Complimens, & des Critiques, aussi infructueuses que les Complimens, sont tout ce que j'en ai tiré. On n'a point été frappé de l'objet qui me tenoit le plus au cœur. Envain cet objet se rencontre en trente endroits, sous diverses faces, & toûjours sous des traits plus saillans. Il n'est venu à l'esprit de personne de rapprocher ces traits; ni d'honorer de quelque discussion cette Doctrine semée en tant d'endroits. ,, Dieu ,, est aussi essentiellement tout ce qu'il ,, est, que le triangle est angulaire, & ,, que le cercle est rond, & que deux &
,, deux

„ deux font quatre. Dieu est aussi essen-
„ tiellement bon, qu'intelligent. Dieu
„ aime & veut aussi essentiellement un
„ plus grand Bien, qu'il le connoît ce
„ plus grand Bien; & il le connoît es-
„ sentiellement, indispensablement, né-
„ cessairement, logiquement, métaphy-
„ siquement. Ce que Dieu veut, ce
„ que Dieu fait, est donc essentielle-
„ ment, indispensablement, nécessaire-
„ ment, logiquement, métaphysique-
„ ment, le Meilleur. Mais Dieu ne fait
„ pas, Dieu ne veut pas, tout ce qui
„ est fait & voulu dans le Monde. Il
„ ne fait pas ce que font les autres; il
„ ne veut pas ce que veulent les autres;
„ il ne fait pas non plus, c'est-à-dire
„ il n'opere pas les volontés des autres;
„ il ne leur *opere* point un *vouloir*, au
„ moins un *mauvais vouloir*: cela passe
„ la sphere des possibles. Dieu veut tout
„ ce qu'il peut, de bon, de saint, de
„ raisonnable; les Essences seules des
„ cho-

„ choses sont les bornes de sa Bonne-
„ Volonté, aussi bien que de sa Puissance.
„ Si l'Oeuvre de Dieu est la meilleure
„ qui soit possible, ce Monde est-il
„ donc le meilleur possible? On doit
„ distinguer. Il l'est, en tout ce qui
„ concerne l'influence de l'action de
„ Dieu. Il en est très loin, en ce qui
„ résulte des actions libres des autres
„ Etres. Qu'un Etre, qui peut se mo-
„ difier d'une façon louable, se modifie
„ d'une façon criminelle; qu'une multi-
„ tude, plus ou moins grande, de pa-
„ reils Etres en fassent autant; la scene
„ du Monde est bien différente: sa per-
„ fection & son imperfection varient.
„ Ce n'est point la faute du très Bon &
„ du très Saint. Il ne fait point les ac-
„ tions des autres; il est contradictoire
„ qu'il les fasse. Il ne modifie point
„ ce qui se modifie soi-même; il est
„ contradictoire qu'il le modifie. Il
„ n'ordonne point le mal, ni le moins

D 2 „ bien

„ bien qui est un mal. Il n'y incline,
„ ou n'y détermine qui que ce soit. Il
„ ne prédestine à rien. Il ne decrette
„ rien, si ce n'est de récompenser en
„ Roi, & de châtier en Pere, selon les
„ cas. Il ne permet point le mal, à
„ moins que ce ne soit dans un sens
„ très impropre du mot *permettre*, qui
„ ne signifieroit que ne point empêcher
„ ce que les Essences des choses, en un
„ sens très propre, ne permettent pas
„ que l'on empêche. Il n'influe en rien
„ aux désordres vraiment désordres, aux
„ maux vraiment maux, qui troublent
„ & corrompent la Masse; mais ces
„ maux, ces désordres, qu'il ne dépend
„ de lui en aucune maniere de suppri-
„ mer, il les tourne au plus grand
„ avantage de tous les Etres. Bienfai-
„ teur impartial de tout ce qu'il y a d'E-
„ tres, de chacun selon sa nature dont
„ il tire le meilleur parti possible; Sour-
„ ce de tout le Bien qui se trouve, & se
„ trou-

,, trouvera jamais, dans un Monde in-
,, fini en étendue comme en durée ; il
,, entretient, à chaque instant dans ce
,, Monde, la meilleure disposition que
,, la liberté essentielle des Etres, leur
,, malice, leur méchanceté, leur imper-
,, fection, comportent en chaque ins-
,, tant. A chaque instant son infinie Sa-
,, gesse, animée d'une tendresse sans
,, bornes, intervient de tout le poids de
,, sa Puissance, & de toute l'efficace de
,, sa Grace, pour augmenter les biens,
,, diminuer les maux, soigner, redresser,
,, soulager, guérir ; redresser les torts,
,, guérir les blessures, que des Etres
,, aveugles ou méchans ne cessent de se
,, causer par des coups mutuels. Si
,, tout n'est pas mieux ; si tout n'est pas
,, saint & heureux ; (fort par le Fait,
,, à mon tour, je le dis hautement ;)
,, c'est que la chose n'est point encore
,, possible : c'est qu'elle n'est possible que
,, par développement & par degrés, &
,, qu'il

„ qu'il s'agit d'amener les Etres à se
„ faire tels eux-mêmes ; & non de les
„ faire tels, ce qui est absurde. S'il ne
„ s'agissoit que de vouloir qu'ils fussent
„ tels, qu'ils fussent tous *saints, heureux,*
„ *identifiés à Dieu-même* ; l'infinie Bon-
„ té n'hésiteroit pas, ne différeroit pas
„ d'un instant. Elle détesteroit une Sa-
„ gesse, qui iroit à lui persuader, *ou*
„ *que ce n'est pas là le Meilleur*, quoique
„ ce fût un parti possible; *ou qu'elle ne*
„ *doit pas faire ce Meilleur*, quoiqu'il ne
„ lui coutât que de le vouloir: & plus
„ encore détesteroit-elle une superbe
„ Indépendance qui seroit blessée d'un
„ pareil Choix. „

Ce n'est pas la vingtieme partie des traits de cette nature, que j'ai semés dans mes Essais; & ce Résumé leur ôte certainement beaucoup du feu & de l'énergie qu'ils ont dans les endroits-mêmes où l'effusion de mon cœur me les a dictés. On en jugera, quand ils se re-

trouve-

trouveront par la suite; plusieurs ne tarderont pas. Il me sembloit, que dans un Pays où ces matieres ont été plus discutées qu'ailleurs, & où l'on doit sentir mieux le besoin qu'on a de nouvelles ouvertures, les moindres lueurs devoient saisir l'attention des Philosophes. La conjoncture du Prix, le nombre des Concurrens, l'illustre Académie qui proposoit la Question; tout cela rehaussoit l'espoir que j'avois conçu.

Quelle a été ma surprise? Sur cette multitude de Pieces, aucune où l'on ait voulu connoître un milieu entre ces Partis: ce Monde, pervers & misérable... *le meilleur Monde, & tellement le meilleur, qu'une bonne action de plus ou un crime de moins, un heureux de plus ou un malheureux de moins, en feroit un autre Monde; possible à la vérité, mais indigne de la suprême Sagesse*: ce Monde, pervers & misérable... *toujours assez bon, aux yeux d'un Etre, qui pouvoit y mettre &*

plus de maux encore, & moins de biens, sans que personne eût droit de se plaindre; un Etre, dont la souveraine Indépendance ne doit rien à de chétifs Etres. Tout se réduit là. Et pour le triomphe de ces Doctrines si consolantes, qu'allégue-t-on? Le Fait, d'abord: chacun le tire à soi de son mieux. Il n'est que trop sûr par le Fait que le Monde est comme il est. Mais est-il tel, parceque l'infinie Bonté n'en *voit* point de meilleur, ou parcequ'elle n'en *veut* point de meilleur, ou pour quelque autre raison? Le Fait ne dit rien à cela.

On se jette ensuite dans l'étalage des Lieux-communs les plus rebattus: d'une part, sur la *Sagesse*; de l'autre, sur *l'Indépendance* de Dieu.

La *Sagesse!* qui a vraiment des lumieres que nous n'avons point, d'où elle juge que tous les Etres de ce Monde rendus saints & heureux, comme elle le pouroit, plongés dans le sein de Dieu, louant,

louant, benissant, chérissant Dieu pour l'éternité, feroient un Monde moins parfait que celui-ci, & dèslors très indigne de son choix. Ah! j'aurois bien de la peine à le croire, si je l'entendois articuler de la propre bouche du Très-Haut, parceque je douterois toûjours si ce seroit lui qui parleroit. Comment le croirois-je de la bouche des Hommes? Non jamais; fussent-ils dix mille Pope, & dix mille Leibnitz qui l'affirmassent! Erreur, dit-on, Erreur de s'imaginer, qu'il vaudroit mieux que tout fût *Harmonie* dans le Monde physique, & que tout fût *Vertu* dans le Monde moral. Erreur de prétendre que *la Félicité & la Sainteté* des Créatures soyent le principal but de la Sagesse divine. Point: c'est la *Simplicité des Moyens*, c'est *l'Observation des Loix générales*, qu'elle a pour principal but. Le moins d'*Exceptions* qu'il est possible; le moins d'*Intervention miraculeuse*, voilà ce qui la charme. Hé qui songe à lui ôter ce Charme? Qui demande d'autre Miracle, que le Miracle unique de la Création, déjà supposé? On souhaiteroit seulement, (s'il est réel,) que, sans frais, peines, ni efforts de plus, elle en eût tiré pour nous meilleur parti. Y avoit-il donc plus loin à l'égard de Dieu, de la non-existence des Etres à leur existence parfaitement heureuse, que de leur non-existence à une existence quelconque? Lui étoit-il plus difficile de dire *que tout soit saint & heureux*, que de dire *que tout existe*? Il faut des Loix générales, & le moins d'Exceptions qu'il se peut à ces Loix. Sans doute. Aussi ne veux-je qu'une bonne Loi générale, TOUT SAINT ET HEUREUX; & point d'Exceptions: pas la moindre. Il faut la plus grande simplicité des Moyens. Oh rien de plus simple que de vouloir, à qui n'a qu'à vouloir. Un acte de volonté en Dieu n'est pas plus compliqué qu'un autre.

L'acte

L'acte de la Création n'est assujéti à aucun Moyen; pas plus l'acte de la Création d'un Monde où tout n'est que Vertu & Harmonie, que l'acte de la Création d'un Monde plein de Crimes & de Désordres. Si l'idée de l'un est plus compliquée que l'idée de l'autre, c'est l'affaire de l'Intelligence, qui d'ailleurs embrasse ni plus ni moins l'un & l'autre Monde, auquel des deux que tombe le choix; mais la Volonté n'a pas besoin de plus d'efforts, & il ne lui faut pas plus d'Action, dans l'un que dans l'autre cas. Ou bien, prétend-on que c'est dans les Etres-mêmes qui composent le Monde, qu'il doit y avoir *le moins d'Action?* Si c'est le moins d'Action relativement à tel Effet, qui vous le conteste? Mais que l'Effet dont il s'agit, l'Effet à produire, soit donc de rendre tout saint, tout heureux. Tant que l'on assurera, ou que l'on avouera, que la chose est possible, & possible au simple vouloir de Dieu;

je

je déclare que je n'en rabats rien. Si c'est dans le moins d'Action absolument parlant que gît le Sublime; tenez tous les Etres dans une Inaction complette; plongez-les dans un sommeil léthargique; que de plus il n'y en ait qu'un très petit nombre d'amenés à l'existence: encore mieux n'en faites point du tout.

Voilà ce que la profonde Ecole Leibnitzienne n'a ni vû ni voulu voir, quoique je lui en eusse frappé les yeux, au point d'exciter sa mauvaise humeur. Passons maintenant vers l'extrémité opposée.

L'*Indépendance!* la *souveraine Indépendance* de Dieu! autre matiere d'édifiantes Déclamations, soigneusement recueillies par l'autre moitié de nos Concurrens. Dieu se suffit à lui-même, pose-t-on d'abord pour principe. Donc la Perfection divine trouve tout son accomplissement en Dieu. Donc il n'y a aucune eune Perfection en Dieu qui ait son accomplissement hors de lui; pas même la Bonté. Mais, s'objecte-t-on, la Bonté est une propension à faire du bien. Donc la Bonté essentielle de Dieu suppose essentiellement hors de Dieu l'existence d'Objets, à qui Dieu puisse faire du bien. J'ajoûterois moi: Donc l'infinie Bonté de Dieu, propension infinie à faire du bien; & quel bien? un bien infini; à qui? à une infinité d'Etres; suppose essentiellement hors de Dieu une infinité d'Etres, réels & existans. On se trompe, dit-on. La Bonté de Dieu est une toute autre Bonté que cela. C'est une Bonté qui a son *entier accomplissement* sans faire le moindre bien à qui que ce soit. Elle suppose la *possibilité* de faire du bien à des Etres réels; mais elle n'a nullement besoin que ces Etres *existent* pour se contenter. Ils sont de toute éternité présens à l'Intellect divin: cela suffit; leur existence ne feroit rien

de

de plus. Ainsi l'existence des Etres, continue-t-on, n'est qu'une chose *indifférente à Dieu*, considéré selon toutes ses Perfections. Dieu veut tout ce qui est bon & parfait. Oui. Mais ce n'est point à dire qu'il en veuille l'existence. Quelle idée de s'imaginer qu'il la veuille ! & pourquoi ! Il lui est de la derniere indifférence, qu'il y ait plus ou moins de Réalité hors de lui, ou qu'il n'y en ait point du tout. *Réalité* : allons ! du courage ! au lieu de ce terme sec d'Ontologie, disons *Sainteté*, *Félicité*. Cela va droit au cœur; à quoi bon rester à la pointe de l'esprit ? Articulons. ,, Il est ,, de la derniere *indifférence* à Dieu, ,, qu'il y ait plus ou moins de Sainteté ,, & de Félicité hors de lui, ou qu'il n'y ,, en ait point du tout. ,, N'est-ce pas ce que vous voulez dire ? Du moins c'est de cela qu'il s'agit. L'Homme pouvoit avoir & plus de Réalités & d'autres Réalités : disons; l'Homme pouvoit être &

& faint & heureux éternellement, s'il avoit plû à Dieu; car fa capacité à cet égard, vous l'avouez, eft infinie. Cependant, ajoûtez-vous, quoiqu'il n'ait pas plû à Dieu de le vouloir, (& cela non parceque les chofes euffent été moins parfaites de cette façon; mais, parcequ'il ne l'a pas voulu, parceque cela ne lui a pas plû; en faut-il d'autres raifons?) „ nous ne lui en devons pas
„ moins de finceres actions de graces,
„ pour les dons que nous avons reçus
„ de lui *avec tant de libéralité.* Bienfai-
„ teur infiniment bon, & infiniment
„ puiffant, il veut *férieufement* le bien
„ de tous fes Sujets.... „ Vérités facrées, qui ne font plus qu'un jargon infupportable, dès qu'on les lie à de telles Doctrines! Que m'importe l'infinie Puiffance, qui ne fait pour moi qu'infiniment peu? Que m'importe l'infinie Bonté, à qui tout ce qui me concerne eft indifférent? Libéralité! Bénéficence
étrange,

étrange, qui se consomme dans la contemplation d'un bien infini, qu'elle peut me faire & ne me fait point! Il veut, oh très sérieusement, le bien de tous ses Sujets. D'où le sais-je, quand il en fait si peu, en comparaison de ce qu'il pouroit? quand toute dispensation de sa part est *indifférente*, *arbitraire*, fortuite au pied de la lettre, n'ayant de motifs, ni en lui, ni hors de lui? Point de vûe touchant, très propre à échauffer dans l'Oraison les transports de notre amour.

Telle est pourtant la Doctrine, entr'autres, de la Piece que l'Académie a couronnée, mais sans prétendre assurément couronner la Doctrine-même; distinction qui se suppose toûjours, & dont il semble qu'il devroit être inutile de faire souvenir. Ainsi, je l'avoue, quelque révolté que je sois de cette Doctrine, je n'ai pas laissé suivant les lumieres de ma conscience, de me déclarer pour une
Piece

Piece qui la soûtient; le dirai-je? dans une conjoncture, où l'égalité des voix, entre cette Piece & une autre toute contraire, donnoit à mon foible suffrage une prépondérance inattendue. C'est que je crois qu'en de pareilles rencontres, ce n'est, ni l'esprit de Parti, ni l'attache à nos Opinions, ni même tout-à-fait la nature des Opinions, qui a droit de nous décider; mais le mérite de la Tractation des Sujets. Partisan de l'Optimisme, je ne me suis point fait de peine de le voir succomber en cette rencontre: d'autant moins, que j'aurois bien de la peine à déterminer, de laquelle des deux manieres je me sentrois le plus d'éloignement; de celle dont on l'attaquoit, ou de celle dont on le défendoit. Dans le fond, peut-être que des Opinions monstrueuses, entées sur une Vérité, choquent encore plus, que lorsqu'elles sont dans leur liaison légitime avec l'Erreur.

En voilà plus qu'il n'en faut, pour faire comprendre de quelles ténebres la Question de l'*Optimisme*, ou du *Choix du Meilleur*, demeure couverte, & quels puissans Préjugés s'opposent à ce qu'on soit d'accord sur ce sujet; C'est-à-dire, combien les Hommes sont loin de s'entendre, quand ils professent *qu'il y a un Dieu; une Bonté infinie, une Sagesse infinie, &c!* Je renvoye aux Pieces suivantes quelques Réflexions particulieres, qui devoient trouver place à la fin de ce Morceau-ci.

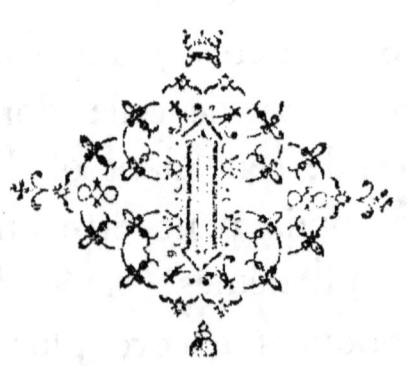

LET-

LETTRE
à
M. ADOLPHE FRIDERIC REINHARD,
Auteur de la Piece couronnée par l'Académie en 1755 *

Monsieur,

J'étois indisposé, lorsque M. le Professeur ** Nicolaï a eu la bonté de me faire tenir votre obligeante Lettre, il y a une huitaine de jours. C'est ce qui a retardé la Réponse que je vous devois. L'accablement d'affaires où je me trouve, empêchera que je ne la détaille autant que vous le demandez. Croiriez-vous, Monsieur, que ce n'est pas assez des Occupations de mon état, & de mes Infirmités presque continuelles ? Il faut encore que j'aye un Procès ;...

---
* En réponse à une Lettre reçue de lui au mois de Juillet de la même année.

** A Francfort sur l'Oder.

cès;... & un Procès, pour cause de Religion! Quoi, pour quelques Hardiesses métaphysiques de mes Écrits? Non: pour moins que cela! Pour un Mot *peu orthodoxe*, imputé à ma Femme. Un Mot, qui lui est échappé, dit-on; (car la chose est fausse;) où? Dans l'intérieur de son Cabinet. Voilà six mois qu'on me poursuit de Tribunaux en Tribunaux, & que la Cabale, hypocrite ou bigote, se déchaîne contre moi. Regardez cependant bien ma Lettre: ce n'est pas même de Venise qu'elle est datée.

Leves ergo pascentur in æthere Cervi!

Epigraphe du Recueil des Pieces de ce Procès, que je compte faire imprimer dans peu.* Je n'attens que la Sentence définitive.... Excusez, je vous prie,

Mon-

---

* CAUSE BIZARRE: ou Pieces d'un Procès *Ecclésiastico-civil*, intenté contre *un Académicien & son Epouse*, pour un *Mot*, qu'on suppose être échappé à cette Dame *dans l'intérieur de son Cabinet*; à Berlin, 1755.

Monsieur, cet étrange début, digne d'un Plaideur plein de ses Affaires. Je viens à vous.

Vous me paroissez faire cas de ma *Sincerité*; & vous voulez que j'en use *en vous disant mon Sentiment particulier* sur votre Piece, que l'Académie vient de couronner. Il est sûr, comme vous le remarquez à-peu-près, qu'on ne peut gueres *plus différer de Principes* que nous fesons. *Mais vous me croyez trop généreux &c*. Vous avez raison. Sachez donc que les Voix s'étant trouvées égales, entre votre Piece & une autre, j'ai deux fois fait pencher la balance de votre côté, tout Partisan que je suis de l'Optimisme. A la premiere fois, nos Wolffiens fort étonnés, se récrierent sur ce que je n'avois pû lire l'autre Piece qui est Allemande. J'en convins, & demandai qu'on me l'expliquât. Ce qui ayant été fait le lendemain avec beaucoup d'exactitude, je persistai fermement,

ment, dans la préférence * que j'avois donnée au Numero VII, qui est la vôtre. Non, en vérité, Monsieur; je vous le dis avec franchise; non que j'en sois fort édifié. Quelles idées vous avez de Dieu! Et vous vivez tranquille!... Est-il possible? Il ne me faut pas, à moi, moins que l'idée que je me forme de l'INFINIE BONTÉ, pour supporter la vie & l'existence. Une Bonté, à qui il est aussi essentiel de faire le plus grand Bien, qu'au Cercle d'être la plus ronde de toutes les Figures! Une Bonté, qui me dit au cœur de me fier à elle; que la Nature des choses commence par des maux, mais qu'elle se termine par des biens,

grace

---

* Bien entendu, entre les Françoises & les Latines qui fesoient de beaucoup le plus grand nombre. Une seule, entre les Allemandes, ayant été dans le cas de partager les suffrages de mes Confreres, il n'y a eu que celle-là dont l'examen me devînt un devoir.

grace à l'influence, qu'elle, infinie Bonté, a dans les choses! C'est de quoi trouver en Dieu les motifs d'une assurance que rien n'ébranle. D'où en auriez-vous de pareils? Ni vous, ni les autres, n'avez touché le but. Autant il est insoûtenable, de dire que ce Monde, plein de miseres & de vices, est le meilleur possible: autant c'est s'éloigner de l'idée d'un Dieu, essentiellement & infiniment bon, de croire qu'il peut mieux & ne le veut pas; ou bien de croire que tout revient au même, de quelque façon que soyent les choses. J'ose vous renvoyer à la premiere Partie de mon Traité *du Hazard sous l'empire de la Providence,* surtout page 45 & suivantes. Très certainement, ce que la plus grande Sagesse préfere, est le plus sage; ce que la plus grande Bonté effectue, est le meilleur: ou bien il n'y a ni Sagesse ni Bonté, s'il n'y a point d'objet de la Sagesse & de la Bonté; c'est-à-dire, un plus Parfait possible, objet de la plus grande Sagesse, & un Meilleur possible, objet de la plus grande Bonté. Mais la souveraine Sagesse, Monsieur, & la souveraine Bonté, ne sont point tout. Nous fesons quelque chose aussi, nous autres qui composons ce Monde; collection infinie d'Etres fous & méchans, d'eux-mêmes existans dans un conflict perpétuel d'actions & d'intérêts. Nous fesons, & ne fesons que trop: voilà le nœud. Y a-t-il là tant de mystere? C'est ce que je compte porter au plus haut point de démonstration dans mon *Essai de* THEO-CHARIS. Un Dieu qui fait tout, absolument tout, vû ce que sont les choses, est un redoutable Dieu! Le mien n'est rien moins qu'un Agent universel.

Ce qui m'a fait donner la préférence à votre Piece, Monsieur, outre l'esprit
de

de recherche que j'y ai remarqué, c'est en grande partie son éloignement du Fatalisme Leibnitzien, qui est encore pire que votre Arbitraire. Au reste, je me suis bien réservé de *protester* un jour contre votre Doctrine, tout en *déclarant* la part que j'ai crû pouvoir prendre, en conscience, au succès de la Piece. Si pareillement mes Idées vous paroissent fausses, ou dangereuses, qu'aucune considération ne vous retienne, vous me faites plus d'honneur que je ne mérite, de me demander mon agrément. Nous ne manions les armes de la Philosophie, que pour frapper les Opinions, en respectant les Personnes. Frappez, Monsieur ; je tâcherai de me conserver votre estime, dans la maniere dont je vous répondrai, s'il y a lieu de vous répondre ; & vous pouvez être sûr de toute la mienne.

74

Je voudrois pouvoir accepter la propofition que vous me faites, de me communiquer vos Réflexions avant de les mettre au jour. Il ne m'eft presque pas poffible de lire le Manufcrit; *encore moins en Langue Allemande; &c.*

J'ai l'honneur d'être &c.

A Berlin, le 18 Juillet 1755.

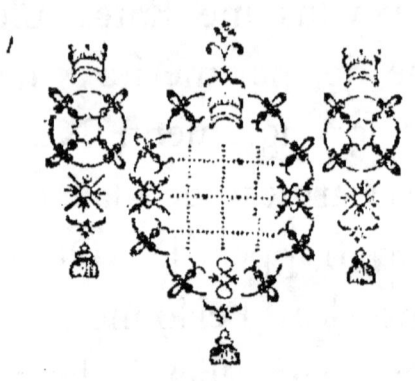

REMARQUES
sur la
Piece couronnée par l'Académie en 1755.

Ces Remarques que j'ai promises à l'Auteur, seront fort succinctes, parcequ'elles roulent toutes sur des Sujets que je compte traiter par la suite avec beaucoup d'étendue ; & même, pour être plus court, je ne toucherai que ce qui regarde proprement le Philosophique de la Question. Je laisserai là tout ce qui concerne le sens particulier de Pope, & son accord avec Leibnitz, qui fesoient les deux premiers points de l'examen que l'Académie avoit proposé.

La Question du *Meilleur*, ou du *plus Parfait*, engage d'abord l'Auteur à définir *la Perfection*.

Pa-

Page 23. „ Avant toutes choses, dit-il,
„ il est nécessaire de donner une juste
„ définition de la Perfection, & des
„ Idées qui en dépendent. *La Perfec-*
„ *tion est la Somme de la Réalité qui*
„ *se trouve dans un Etre.* Je ne me met-
„ trai point en peine quelle définition
„ d'autres ont donnée de la Perfection:
„ je tâcherai seulement de justifier la
„ mienne; ou plûtôt elle se justifiera de
„ soi-même, dès que je l'aurai un peu
„ plus expliquée. *Toute Perfection est*
„ *une Réalité; toute Réalité, en tant*
„ *que c'est une Réalité, est une Per-*
„ *fection*: c'est de quoi tout le Monde
„ convient. &c. „

Il n'est pas possible de débuter d'une façon plus malheureuse. On nous fait voir la nécessité d'une définition juste de la Perfection, & on nous en donne une qui n'apprend rien. Qu'est-ce que *Réalité*, demanderai-je, & qu'est-ce qu'une *Somme de Réalités*? Certes le gros

gros du monde entend mieux ce que c'est que Perfection, qu'il n'entend ce Jargon ontologique. Et puis, qu'est-ce que cela signifie, *que toute Perfection est une Réalité, & que toute Réalité, en tant que c'est une Réalité, est une Perfection?* Rien autre chose, (en substituant la définition au défini,) sinon, *que toute Somme de Réalités est une Réalité, & que toute Réalité, en tant que Réalité, est une Somme de Réalités.* On est fort avancé de savoir cela. Pour le fond-même de la définition: *la Perfection d'un Etre est la Somme des Réalités de cet Etre;* c'est bien à-peu-près dire, *que la Perfection d'un Etre est cet Etre, & qu'un Etre est un Etre.* D'où l'on doit sentir qu'il y a loin entre la vraye méthode, & ce qui n'en a que l'allure & le dehors.

Cette Remarque ne déroge point à l'éloge que j'ai fait de la Piece par rapport au mérite relatif de la Tractation: mais

mais c'est que rien n'est plus ordinaire, que de voir ces profonds *Ontologues*, ces *Définisseurs* exacts, produire avec appareil, des définitions très inutiles. Les Notions communes qu'on a des choses, sont de mille fois plus d'usage que leur prétendue exactitude. Wolff & ses Disciples, je le montrerai quelque jour, fourmillent d'exemples pareils; & leurs Adversaires les imitent trop à cet égard. Une chose admirable; c'est que l'Auteur auroit bien de la peine à dire de quelle influence est sa définition dans le reste de la Piece. A commencer dès la page suivante, elle n'y sert gueres qu'à donner plus beau jeu pour le réfuter.

Page 24. „ Toute Perfection *suppose*
„ un certain point dans lequel ses Réa-
„ lités doivent convenir. C'est ce But,
„ ce sont ces Effets, rendus actuels ou
„ possibles par la constitution d'une
„ chose, qui sont *la notion fondamentale*
„ *de chaque Perfection*. Nous appelle-
„ rons cela une *Fin*. „
L'i-

L'idée de *Fin* est aussi essentielle, & plus essentielle à la Théorie de l'Auteur, que l'idée-même de *Perfection*, puisque partout il subordonne la Perfection aux Fins, & soûtient qu'il n'y a point de Perfection, absolument, sans de certaines Fins que se propose un Etre intelligent. Cela méritoit une définition de ce mot *Fin*, & plus claire, & plus directe. Mais le pis est que l'Auteur oublie déjà celle qu'il vient, dans l'instant même, de donner de la Perfection, & dont il vantoit la nécessité & la justesse. Sans cela, diroit-il *que c'est ce But, que ce sont ces Effets, rendus actuels ou possibles &c, & qu'il appelle Fins, qui sont la notion fondamentale de chaque Perfection?* Quoi? est-ce que la notion fondamentale de la Perfection n'est plus d'être *une Somme de Réalités?* Est-ce que chaque Réalité, ou chaque Somme de Réalités, & par conséquent chaque Perfection, n'est pas ce qu'elle est, avant que

que qui que ce soit se propose des Fins, des Effets à obtenir? Est-ce que ces Effets; est-ce que ces Fins ne sont pas elles-mêmes des Réalités, ou des Sommes de Réalités, & par conséquent des Perfections? L'idée de Perfection précede donc l'idée de Fin, puisqu'une Perfection est Perfection avant que d'être Fin; c'est-à-dire, que c'est quelque chose, avant d'être le quelque chose qu'on se propose d'obtenir.

Cette seule Remarque renverse toute la Théorie de l'Auteur. Il a crû faire changer de nature à la Question, en la transportant de la Perfection aux Fins; & tout reste en place, puisque qui dit Fins, dit Perfection. *L'infinie Sagesse est-elle déterminée au plus Parfait?* Il n'y a point *de plus ou moins Parfait*, répond-il, *indépendamment des Fins*. Eh bien! nous vous demandons, si les Fins de l'infinie Sagesse sont parfaites ou imparfaites; si toutes les Fins lui sont bonnes:

nes; si elle peut se proposer d'une maniere également digne d'elle quelque objet que ce soit, un Monde ou un Château de cartes? Ou plûtôt, nous rougissons qu'on en soit encore à faire une pareille Question parmi les Philosophes; & que le Oui & le Non soyent des sources également fécondes de paralogismes & d'erreurs.

Pages 25, 26, 27 & 28, l'Auteur se jette dans la Théorie de la Collision des Fins, ou des Regles de Perfection; & comme ce sont d'énormes pages *in 4°*, cela n'est pas court. Ce morceau contient des choses fort justes, entremêlées de petits calculs algébriques qui donnent à tout ceci un air de méthode & de précision. Je loue de bon cœur l'exactitude, mais sans me laisser imposer par l'appareil. L'Auteur finit par dire, ,, que ,, ce n'est pas pour amuser le Lecteur ,, par de vaines subtilités qu'il a déve- ,, loppé cette Théorie de la Collision; ,, que

„ que cela mene à une Vérité qui lui
„ sera d'un grand usage contre le Systè-
„ me de l'Optimisme. La voici cette Vé-
„ rité. *Un Etre intelligent, qui tend à*
„ *la Perfection dans ses ouvrages, peut*
„ *dans l'exécution des Fins & des Regles*
„ *qu'il se propose, trouver plusieurs ma-*
„ *nieres d'agir également conformes à ses*
„ *Intentions ; manieres, dèslors d'une*
„ *Perfection égale*, & entre lesquelles *le*
„ *choix est indifférent.* „ Que de choses
j'aurois à remarquer là-dessus ! Je me
contente d'une bagatelle. C'est que cette
importante Vérité n'est d'aucun usage,
quand il s'agit de l'Etre suprème. Dieu
n'est point (page 24.) *cet Etudiant de*
Théologie qui apprend aussi l'Algebre.
Voilà deux Fins, l'une principale, l'autre secondaire. Il arrive que les deux
Professeurs du Jeune-Homme un jour
font leurs leçons à la même heure. Dans
l'impossibilité de satisfaire ce jour-là aux
deux Fins, laquelle faut-il sacrifier ? Gé-
nérale-

néralement parlant, la secondaire. Mais il se pouroit que la leçon d'Algebre fût tellement essentielle dans son genre, & que celle de Théologie le fût si peu dans le sien, qu'il y eût moins d'inconvénient à sacrifier la principale. &c. Dieu n'est pas non plus cet Homme, (page 30.) dont la Fin vague est de se bâtir une maison. Mille bons Architectes peuvent lui fournir *des plans qui satisferont également bien à cette Fin*, & dont aucun en soi ne sera préférable. &c. Encore moins Dieu, ou son infinie Bonté, sera-t-il (page 42.) cet Amateur de la Musique, *dont l'Inclination pour la Musique dure toûjours, mais qui pour cela ne souhaite pas à tout moment d'entendre de la Musique.* On sent l'heureuse application. L'Inclination générale, & indéterminée, de la Bonté divine, est de faire du bien: c'est là sa Musique; mais elle ne souhaite pas de l'entendre toûjours. Ces Antropomorphismes, dont on a

honte

honte auſſitôt qu'on ſe les eſt permis, on ne devroit abſolument point ſe les permettre; ils ne ſont que très indécens, & n'expliquent quoi que ce ſoit. Dieu n'a point d'Inclinations indéterminées. Dieu ne ſe propoſe point des Fins vagues, qu'il cherche enſuite comment il remplira, ſoit d'une maniere, ſoit d'une autre. Les Idées de Dieu ſont tout à la fois les plus générales, & les plus individuelles: les plus générales, parcequ'il n'y a point d'Etres, & de Manieres d'Etres qu'elles n'embraſſent; & les plus individuelles, parcequ'elles ne ſouffrent point d'Abſtraction. Selon l'Auteur, ce n'eſt point cela. Dieu a des Inclinations, qui bien loin d'avoir d'Objets particuliers, ne ſuppoſent pas même certaines Fins, plûtôt que d'autres Fins. Enſuite Dieu ſe propoſe des Fins: & ces Fins, bien fixées, bien déterminées, ne fixent ni ne déterminent encore l'exiſtence d'aucun Etre; ni certains

Plans,

Plans, plûtôt que d'autres Plans; ni certains Moyens, plûtôt que d'autres Moyens; parcequ'il y a toûjours une infinité d'Etres, & de Plans, & de Moyens, *qui conviennent indifféremment* aux Fins qu'il se propose. C'est à sa souveraine Liberté à faire le choix.... *C'est elle*, (page 37.) *qui détermine à quels Etres, à quelle quantité de Réalités, à quels Systemes combinés, à quelle Perfection, elle donnera l'existence, ou ne la donnera pas*.... *C'est elle* (page 43.) *qui fixe le degré de réalité de chaque Individu, la quantité, le nombre, la durée, & une infinité d'autres circonstances accidentelles, entre lesquelles est le degré de Bonheur de chaque Etre*, est-il dit autre part; (page 48.) car tout cela n'est qu'*Accident*, par rapport aux Fins de Dieu. De ces Fins d'ailleurs, l'Auteur en imagine en Dieu une multitude, d'aussi diverses que l'Algebre & la Théologie. Il n'est pas étonnant qu'il voye lieu à une infinité de

Collisions; & dans le cas de ces Collisions, à une infinité de Compensations *indifférentes*. Selon moi, un Pouvoir Créateur, pris dans le sens étroit & joint à la Toute-Sagesse & à la Toute-Bonté, ne seroit jamais dans le cas de ces Collisions. Vraiment si le Pouvoir Créateur s'amuse à faire des Fourmis, & à leur vouloir partager un grain de sable, en affectionnant les unes & en haïssant les autres, & en les tenant toutes dans un tourbillon de desirs inquiets, il y aura des chocs sans nombre, exceptions sur exceptions, corrections sur corrections; pour ne parvenir, peut-être, qu'au bonheur d'une Fourmi, en laquelle il aura mis sa complaisance. Mais si Dieu, qui voit devant lui tous les Individus possibles, (c'est-à-dire tous les Etres simples,) & toute la Perfection dont chaque Etre simple intelligent est susceptible; si Dieu, dis-je, veut l'existence de chaque Individu & toute la Per-

Perfection possible de chacun d'eux; si sa Toute-Bonté aime *bien sérieusement* la touchante harmonie qui résulte de leur Bonheur; & que toute la Divinité l'opere à l'instant-même, en se donnant, toute à tous, comme la Lumiere, sans altération quelconque ni partage; il n'y aura qu'une seule & unique Fin ! Point de Collisions entre les Volontés divines ! Point de Collisions d'intérêts entre les bienheureuses Créatures ! Point d'exceptions, de corrections, de compensations ! .... Cette Théorie, qui devoit être d'un si grand usage, n'en aura pas le moindre dans la Question.

A prendre ce raisonnement dans les Principes communs que l'Auteur admet, j'ose défier qu'on y réponde. Je sais ce qu'on y peut objecter selon les miens, mais ce n'est point le lieu de m'expliquer sur ces détails. Il suffit, que j'aye marqué dans quel Point de vûe je prens la chose, pour être hors de reproche si l'on s'y trompe. Poursuivons.

Page 29. „ Il est incontestable que „ tout ce que nous appellons Perfection, „ *se rapporte* à certaines Fins. „

Rien de plus contestable & de moins vrai. Un Etre intelligent se propose des Fins, parcequ'il y voit des Perfections; mais il n'y voit point des Perfections, de cela seul qu'il se les propose comme Fins. Je voudrois bien savoir aussi quelles Fins constituent la Perfection des Vérités éternelles, & la Perfection de Dieu, & celle de ses Attributs, & celle de ses Idées. Il est donc de la fausseté la plus manifeste que toute Perfection suppose des Fins; & ce qui est incontestable au contraire, c'est que toutes Fins supposent une Perfection, réelle ou imaginaire. Si l'Auteur a voulu dire qu'il n'y a point de Perfection qui ne puisse être Fin; qui ne puisse être l'objet de la complaisance de quelque Etre intelligent;

il

il a raison: mais qu'est-ce que cela fait à son Sujet? En nous prêtant à sa manière de s'exprimer, la Question du *Meilleur* devient la Question des *meilleures Fins*. Or ces meilleures Fins sont *le Meilleur* dont nous parlons. Donc l'Auteur n'a rien gagné.

Page 30. „ Une chose est parfaite en
„ tant qu'elle est ce qu'elle doit être.
„ Un Animal est *aussi parfait* dans son
„ genre qu'un Homme l'est dans le
„ sien. Il seroit absurde de deman-
„ der si un Bœuf est plus parfait qu'u-
„ ne Oye. „

Une Oye est donc aussi parfaite en son genre, qu'un Homme, ou qu'un Philosophe-même, l'est dans le sien. Que s'ensuit-il? Le genre de l'Oye est-il aussi parfait que celui du Philosophe? Si l'on ose dire qu'oui, quelle misère: Et si l'on dit que non, qu'a-t-on faisi après tant d'efforts? Ce grand Principe: que si l'on veut une Oye, ce n'est pas un

Philosophe qu'il faut chercher, quoiqu'à tout prendre un Philosophe vaille mieux qu'une Oye. Qui doute qu'il n'y ait une Perfection *relative*, de même qu'une Perfection *absolue*? S'il s'agit de cette Latone, vieille & décrépite, qui guérit Parménisque de son sérieux, qui doute que la Vénus de Praxitele ne fût un méchant ouvrage? Mais s'il y a des Perfections relatives, c'est parcequ'il y en a d'absolues. Ou même, qu'elles soyent toutes relatives; j'y consens. Y en a-t-il une *relative aux meilleures Fins?* C'est de celle-là qu'il est question.

Page 31. „ Au raisonnement qu'on
„ employe pour prouver *le Meilleur*
„ *unique* dans l'action de Dieu, on peut
„ appliquer ce qu'il y a dans les Tuscu-
„ lanes de Ciceron, au sujet de l'Opi-
„ nion de Platon, que Dieu avoit don-
„ né au Monde la Figure ronde, *comme*
„ *la plus parfaite.* L'Epicurien s'en mo-
„ que: Et à moi, dit-il, il me pa-
„ roît

„ roît que la Figure quarrée est plus
„ parfaite. Qui me prouvera le con-
„ traire ? „

C'est l'affaire de ceux qui en sont encore à la petite Boule qui joue sur les doigts de Dieu. Pour moi, je crois que l'objet de l'action de Dieu est la Collection infiniment infinie de tous les Etres possibles, & le Bonheur de tous. (*De tous*, car il ne faut pas qu'il en manque un.) L'Auteur ne me niera pas, que cet objet de l'action de Dieu n'ait *une plus grande Somme de Réalités*, qu'un autre en qui seroit *une moindre Somme*; & que par conséquent il ne soit plus parfait, selon sa propre définition, que tel Monde où manqueroit un Etre! un seul Etre heureux! Présentement, si ce degré de Perfection admet une variété de manieres qui reviennent au même ? ou s'il s'exécute d'une maniere unique ?...
J'avoue que je suis de ce dernier parti; &, à ce que je me persuade, sur de

très

très solides raisons. Mais qu'à cela ne tienne, bon Dieu ! qu'à cela ne tienne. Et Wolffiens, & Anti-Wolffiens, & l'Auteur après eux, pourquoi s'accorder à tant insister là-dessus ? Pourquoi demeurer toûjours dans les épines d'une aride Philosophie? Jamais ne connoître le sentiment! Durcis sous le souffle glaçant de l'Esprit syllogistique, être sans ame dans la plus intéressante de toutes les Questions! Avoir l'art de n'en faire qu'une Pointillerie!... dirai-je *Ontologique*? je crains de donner enfin un fondement réel, par une raillerie répétée, de croire que je méprise une Science dont je ne méprise que l'abus: dirai-je *de Métaphysique*? je crains d'avilir un nom dont je prétens relever l'honneur. La vraye, la saine Métaphysique tient plus qu'on ne pense aux choses de sentiment. Je ne lui connois point de Questions si abstruses qui n'y aboutissent: mais celle du *Meilleur*

leur dans le choix de Dieu en est le foyer. Non quand on s'amuse à discuter scientifiquement, s'il y a *un Meilleur unique*, ou s'il y en a plusieurs égaux entr'eux. Il faut se demander au cœur, si la Toute-Bonté, l'infinie Bonté de Dieu, peut se complaire lâchement dans un degré de Bien actuel, inférieur à quelque autre degré possible, & possible *de façon à dépendre d'elle*. Si l'on hésite, il faut se demander, si l'état des choses, & des Opinions où l'on est sur l'étendue de l'action de Dieu, ne sont point la source d'un doute que le cœur dément. Ne dément-il rien, ce cœur? Ne souhaite-t-il pas même, qu'un prétendu Fait, & de fausses Idées, ne lui en imposent point? Ah quel cœur!

Page 32. „ Qu'est-ce que le Mon-
„ de *le plus parfait?* Quelle idée se
„ forme-t-on de cette Perfection
„ souveraine? Entend-on la *Réalité*
„ *en général?* —— Mais la Réalité en
„ géné-

„ général n'est qu'une *Idée abstraite*,
„ qui ne peut exister. „

Hé! qui vous parle d'Idées abstraites, ou de Réalités en général? Point du tout: on vous parle d'Idées très concrettes. On vous parle de toutes les Réalités exquises de chaque Individu.... Ni l'Auteur, ni moi, nous ne sommes dans les fausses imaginations des Leibnitziens, qui croyent que la moindre détermination de plus ou de moins change l'essence d'un Individu, au point que ce ne soit plus le même; sur quoi notre Auteur ne les presse pas mal dans un endroit. (Page 12.) „ Il seroit absurde
„ de dire à celui qui demanderoit, pour-
„ quoi il n'a pas reçu plus de Biens en
„ partage: C'est parcequ'il falloit dans
„ l'Univers un Etre tel que vous, &
„ qu'avec ces Biens que vous deman-
„ dez, *vous ne feriez plus cet Etre.* Mais
„ assurément, répondroit l'autre, je se-
„ rois le même encore, mais le même
„ plus

„ plus parfait, plus heureux; tout au-
„ tant que je suis le même après avoir
„ cultivé mon esprit par les Sciences,
„ que lorsque j'étois plus ignorant, ou
„ le même ayant amassé des richesses,
„ que quand j'étois moins riche. Je ne
„ prétens pas que Dieu fasse de moi
„ un Ange, ou plûtôt qu'il me fasse
„ rentrer dans le néant pour créer à ma
„ place un Ange. Non; *je veux demeu-*
„ *rer le Moi que je suis, mais plus heu-*
„ *reux.* „ Eh bien, je presse à mon tour l'Auteur sur ce Principe. C'est ce Moi, qui restant le même au fond, peut être ou très malheureux, ou très heureux, ou content de son état: c'est une infinité de pareils Etres, tous distinctement présens aux yeux de Dieu; c'est en un mot tout ce qu'il y a d'Etres simples, ou d'Etres intelligens possibles, présens à ses yeux; c'est cela, dis-je, qui est la Somme de Réalités très concrettes, & nullement abstraites, dont je compose

un

un Monde que j'appelle *parfait*, fans m'embarasser de favoir s'il en est quelque autre *plus parfait*, dès que chaque Etre fera content.

Page 33. „ Est-ce qu'un Système de
„ certaines Fins comprendroit l'existence
„ d'un plus grand nombre de Réalités,
„ qu'aucun autre ? Mais c'est justement
„ ce que je ne saurois admettre, qu'un
„ seul Système *puisse comprendre plus de*
„ *Réalités* qu'aucun des autres possi-
„ bles. „

Je pose un Système qui comprenne *toutes* les Réalités possibles; je dis qu'il en comprendra plus qu'aucun autre. On peut faire deux objections, fort différentes: 1°. Qu'il y a plusieurs Systèmes qui comprennent également toutes les Réalités: 2°. Qu'aucun Système ne les comprend toutes. L'Auteur semble quelquefois prendre un de ces Partis, & quelquefois l'autre. Tantôt il fait bien pis que de dire, qu'il y a plusieurs Systèmes

mes également parfaits: il croit toutes choses également parfaites; une Oye auſſi parfaite qu'un Homme, comme nous avons vû. D'autres fois il ſemble plus raiſonnable, & ſans trop avouer qu'une choſe ſoit plus parfaite qu'une autre, ou un Syſtême de choſes plus parfait qu'un autre Syſtême, il ſe restraint, (ſi je ne me trompe,*) à prétendre, qu'il n'y a point de Syſtême ſi parfait qu'il n'y en ait d'autres auſſi parfaits. Je n'inſiſte point là-deſſus, parceque cette diſcuſſion, s'il y a pluſieurs

Par-

---

* Ces Expreſſions, *plus qu'un autre, qu'aucun autre, qu'aucun des autres, qu'aucun des autres poſſibles,* qui ſe retrouvent à tout moment dans la Piece que j'examine, ſont d'elles-mêmes fort équivoques, quand la conſtruction de la Phraſe eſt, ou négative, ou indirecte; & la Doctrine de l'Auteur en rend encore le ſens plus incertain. Quand je dis affirmativement & directement; *Ce Syſtême eſt plus parfait qu'aucun autre:* cela ſignifie ſans la moindre ambiguité, qu'il n'y a point

Parfaits, ou s'il n'y en a qu'un, est étrangere à notre Sujet. Dans la Question du *Choix du Meilleur* il ne s'agit que du Degré, & l'Auteur y vient enfin. Y a-t-il donc, demande-t-il, *un souverain Degré possible?* Oui, s'il y en a un où toutes les Réalités soyent comprises. Est-ce que toutes les Réalités peuvent exister? Je distingue soigneusement; Réalités *modales*, & Réalités *substancielles*. Toutes les Réalités modales ne peuvent exister, parcequ'il y en a de contradictoires, telles qu'un Etre satisfait de Systême aussi parfait que celui-là. Mais dire, *qu'un Systême n'est pas plus parfait qu'aucun autre*; ou bien, *il faut prouver qu'un Systême est plus parfait qu'aucun autre:* cela peut avoir trois sens; ou que tous les Systêmes sont aussi parfaits les uns que les autres; ou qu'il n'y en a point qui n'en ayent de plus parfaits; ou qu'il n'y en a point qui n'en ayent d'aussi parfaits. Franchement, après ce que l'Auteur a débité de la Perfection, je ne sais quelquefois trop comment il l'entend.

fait de son état, & le même Etre désespéré; un Etre toûjours heureux, & le même Etre toûjours malheureux. Il y en a qui pouroient coexister, mais qui s'affoibliroient l'une l'autre, comme une grande joye & une excessive douleur. Il y en a qui sans être contraires sont de dignité trop inégale, comme le ravissement que cause une découverte d'Algebre, & celui que doit causer la vûe de Dieu-même dans son essence. Personne ne regrettera, je crois, ni la contradictoire, ni la contraire, ni l'inférieure d'une Réalité telle que celle-ci. C'est donc celle à quoi je m'en tiens entre les *modales*. N'en demandons pas davantage; (mais songeons à l'obtenir.) Le reste ne seroit que cette Question rebattue par les Scholastiques: *Si l'Ame humaine de Jésus-Christ, jointe à la Divinité, a déjà toute la Perfection qu'elle peut avoir? ou, si elle croît toûjours en Perfection?* Si elle a toutes les plus hautes Réalités modales, dont elle soit susceptible; voilà le souverain Degré: & si elle en acquiert successivement, mais infailliblement, de nouvelles, parceque telle est la nature des Ames; cet Etat successif, mais infaillible, est lui-même le souverain Degré, pour qui ne se plaît point à la chicane. Le souverain Degré de Réalité *modale* fixé à l'égard d'un Etre, il ne s'agit plus que du nombre de pareils Etres. Dix seront plus qu'un, & tous les Possibles seront plus que tous les Possibles moins un. C'est ici la Réalité *substancielle*. Toutes les Réalités substancielles possibles peuvent-elles exister ensemble? Je distingue de nouveau; ce qui est vraiment *Substance*, ou ce qui n'est ainsi appellé que par abus. Il y a Substances *simples*, & Substances *collectives*. Les Substances collectives ne sont point de vrayes Substances, mais des Collections de Substances; ce ne sont point des Etres, mais des Assemblages

blages d'Etres. Assemblage, ou Collection; c'est quelque chose de *modal:* tout ce qui est de cet ordre ne peut donc point coexister. Dieu voit bien tous les Cubes, & tous les Globes possibles; mais il ne peut les réaliser tous, cela implique. S'il ne fait que des Cubes, il n'y aura point de Globes; s'il ne fait que des Globes, il n'y aura point de Cubes; s'il fait en partie des Globes & en partie des Cubes, tous les Globes & tous les Cubes n'y seront point; s'il fait de grosses Pieces, les petites manqueront, &c. Par cette raison, tous les Arbres possibles, tous les Hommes possibles &c, ne peuvent exister non plus; parceque de la matiere dont les uns seroient faits, il pouroit s'en faire d'autres, qui n'existeroient point sans la destruction de ceux-ci. Mais il n'en est pas de même des vrayes Substances, des vrais Individus, des *Etres simples.* Qu'est-ce qu'*un Etre simple?* Rien de plus simple

ple en effet. *C'est un Etre qui n'est pas plusieurs Etres.* Tout ce qui est plusieurs Etres, n'est point un Etre, mais plusieurs Etres; & puisqu'il y a plusieurs Etres, il faut bien qu'il y ait des Etres dont chacun ne soit pas plusieurs Etres, mais un Etre. Je n'ai garde de pousser ici cette idée; ce n'en est point le lieu. Il suffit de dire, que je tiens la Doctrine de la *Simplicité des Etres*, & surtout *des Etres intelligens*, pour si essentielle, (non seulement à l'égard de l'Etre Divin, mais de quelque Etre que ce soit,) que sans elle il n'y a point de notion de Dieu, ni de sa Puissance, ni de sa Sagesse, ni de sa Bonté: l'aveugle Hazard gouverne le Monde. Au contraire, de la *Simplicité*, ou *Non-Pluralité*, de tout ce qui s'appelle Etre & Etre pensant, suit l'idée d'une Bonté, jamais indécise, jamais partiale, jamais exclusive, l'idée d'une Toute-Bonté: & réciproquement de l'idée d'une Toute-Bonté, jamais indécise,

cise, jamais partiale, jamais exclusive, suit la plus belle Démonstration de *l'Immatérialité de l'Ame* qu'on puisse souhaiter. Nous nous éleverons à ces Objets par la suite. Ici, contentons-nous de remarquer, que l'existence d'un Etre simple ne s'opposant point à l'existence d'un autre Etre simple, & la souveraine félicité d'une Intelligence, qui consiste à posséder Dieu, ne s'opérant jamais au détriment d'une autre Intelligence qui dèslors soit exclue de posséder Dieu; on ne voit point, pourquoi tous les Etres intelligens possibles n'existeroient pas, & n'existeroient pas souverainement heureux.

Tel est le Système qui comprend sans contredit le plus de Réalités. Il comprend toutes les Réalités substancielles possibles, c'est-à-dire l'Infinité actuelle des Etres simples, revêtus, chacun, de toutes leurs Réalités modales les plus exquises. C'est *le vrai Système du* Meil-

LEUR: c'eſt le But unique de Dieu, & ce qu'il n'eût pas manqué d'exécuter il y a lontems, diſons mieux, dès l'Eternité, s'il n'eût dépendu que de le vouloir. L'Auteur qui n'a rien daigné voir de tout cela, quoique déjà ſuffiſamment énoncé dans mes Ouvrages, n'oublie pas en revanche l'Ergoterie commune contre l'actualité de l'Infini: ſuivons-l'y donc.

Page 34. „ Une Quantité *déterminée*, „ & en même tems *la plus grande* qui „ ſoit poſſible, implique contradiction. „ Chaque Quantité, quelque grande „ qu'elle ſoit, dès qu'elle eſt *déterminée*, „ eſt par conſéquent *finie*. „

Oui: c'eſt le préjugé preſque univerſel. Leibnitz avoit entrevû la vérité; mais il l'articula foiblement. Il ne ſut même s'y tenir, & la plûpart de ſes Diſciples après lui l'ont méconnue. En général il y a peu de Métaphyſiciens qui ne donnent à gauche ſur ce ſujet, &

qui

qui ne demeurent fort au deſſous des lumieres du moindre Mathématicien. Qu'y a-t-il donc qui effarouche l'eſprit? j'avoue que je ne le conçois pas. L'on convient, & l'Auteur en particulier, *que la Poſſibilité n'a point de bornes*; que le nombre des Etres poſſibles, & de leurs modifications, & de leurs combinaiſons, eſt infini: que cependant tous ces Etres, toutes leurs modifications, toutes leurs combinaiſons, ſont diſtinctement & numériquement préſens aux yeux de Dieu. Dieu voit toute cette Multitude telle qu'elle eſt, c'eſt-à-dire infinie; mais il la voit ſans confuſion. Elle eſt auſſi déterminée pour lui, que le Nombre *deux* & le Nombre *trois* le ſont pour nous. Ajoûtez à cela tous les ſiecles, ajoûtez tous les jours, ajoûtez tous les inſtans de l'Eternité. Or qui dit *tout*, dit *tout*. Voilà *le plus Grand* poſſible, dont il eſt queſtion; Quantité auſſi déterminée, & mieux exprimée par le mot *tout*, que

G 5   le

le Nombre *mille* par le mot *mille*. Maintenant puisque de l'aveu de tout le monde, & selon les propres paroles de l'Auteur, *les Etres possibles sont aussi vivement, & aussi parfaitement présens à Dieu, que s'ils existoient réellement*, n'est-il pas visible que les Difficultés triviales qu'on fait sur l'Infini, ont également lieu dans l'Objet de l'Intellect divin, que cet Objet ne soit que possible, ou qu'il soit actuel? Enfin Dieu ne poura-t-il pas dire? ,, Je vois tous les Individus ,, sans exception, comme possibles: je ,, veux les voir tous sans exception, ,, comme réels. ,, De ce moment ne feront-ils pas réels? & naîtra-t-il quelque Difficulté de ce qu'ils seront réels? Tous les Etres, sans exception quelconque, sont l'Objet actuel de l'Intelligence divine. Pourquoi, ceux dont l'existence ne s'entr'exclud pas, savoir les Etres simples, ne seroient-ils pas *tous* l'Objet actuel de la Puissance? Et ceux qui sont

fus-

fusceptibles d'un Bonheur que le partage ne peut détruire, *tous* l'Objet actuel de la Bonté ? &c. ... Je pousserai ce raisonnement plus loin en tems & lieu. Ce n'est ici, selon moi, que l'A B C de la Philosophie, & quelques traits de la lumiere victorieuse que je m'engage à répandre sur ce Sujet.

Page 35. „ Dieu *se suffit* à lui-mê-
„ me. ―― Sa Perfection ne demande
„ l'existence de quoi que ce soit; cette
„ existence ne peut servir *à accomplir* en
„ aucune maniere ce qu'il y a de Perfec-
„ tion en Dieu. Si dans la Perfection
„ de Dieu il y avoit une raison, pour-
„ quoi les Etres devroient être plû-
„ tôt amenés à l'existence, que de-
„ meurer dans l'état de pure possibi-
„ lité, alors la Perfection de Dieu ne
„ seroit plus *indépendante* de l'existence
„ des Etres. „

L'Auteur, à ce que je sache, ne croit pas que les Essences ou les Possibilités
des

des Etres dépendent de Dieu, & peu de Philosophes le croyent aujourd'hui. L'Intellect de Dieu voit les choses intelligibles, mais il ne les fait pas intelligibles; il les suppose, & *en dépend* au pied de la lettre. Il y a des choses intelligibles; & Dieu les conçoit parcequ'elles sont intelligibles, & qu'il est intelligent. Il mérite le nom de Sage, parcequ'il les conçoit bien, telles qu'elles sont, sans s'y méprendre: & le nom d'infiniment Sage, parcequ'il conçoit tout ce qui est à concevoir, & que tout ce qui est à concevoir est infini. On ne doit donc pas s'imaginer avec Descartes, que Dieu au hazard conçoit quelque chose, l'égalité des rayons du Cercle, par exemple; & que de là vient que le Cercle a ses rayons égaux: au lieu que s'il se fût avisé de concevoir les rayons du Cercle inégaux, les rayons du Cercle seroient inégaux. L'Entendement infini, de même que l'Entendement le plus borné, est donc

donc *très dépendant* de l'Intelligibilité ou de la Possibilité des choses. Autant en faut-il dire de la Puissance. Dieu peut les choses, parcequ'elles sont possibles; mais elles ne sont pas possibles parcequ'il les peut. Si d'elles-mêmes elles n'étoient possibles; si elles répugnoient; si elles impliquoient, la Toute-Puissance s'épuiseroit envain pour les soûmettre à son empire. Pareillement, selon l'Auteur-même, la Bonté suppose la Possibilité de faire du bien. Voilà donc au moins trois Perfections en Dieu, Sagesse, Puissance, Bonté, qui *dépendent* de la Possibilité des Etres, laquelle Possibilité ne dépend point de lui. Où est l'inconvénient que dépendantes qu'elles sont de la Possibilité des Etres pour être idéales, elles soyent aussi dépendantes de l'Actualité des Etres pour être réelles? Ne nous fesons point des Epouvantails de Mots. Oui, il y a une *Dépendance* en Dieu, & cette Dépendance est une Perfection.

fection. Si je fais une action, sa souveraine Intelligence est *assujétie* à la concevoir telle précisément que je l'ai faite, & non telle que je ne l'ai pas faite. De même sa Puissance, si elle réalise quelque chose, elle est *assujétie* à réaliser cette chose telle qu'elle est possible, & non telle qu'elle n'est pas possible. Mais cela est encore plus sensible de la Bonté ; c'est la plus *dépendante* des Perfections, parceque c'est la plus exquise : sans *l'Assujétissement* le plus complet, & le plus satisfesant pour elle, elle cesseroit d'être la Bonté. Supposons que rien n'existe : l'Intelligence ne s'exerce que sur des Possibles, & quoique jointe à la Puissance de réaliser, elle n'en est pas moins Intelligence pour ne rien réaliser. La Puissance peut majestueusement demeurer dans l'inaction, & quoique jointe à l'Intelligence qui lui présente des choses à faire, elle n'en sera pas moins Puissance pour ne rien faire, ou pour ne pas faire

faire tout ce qu'elle pouroit. Mais la Bonté! Si jointe à l'Intelligence qui lui préfente un Bien poffible, & à la Puiffance qui n'attend que fes ordres pour réalifer ce Bien poffible; fi, dis-je, e le ne le réalife point; fi elle differe; fi elle differe un feul inftant, ce n'eft pas trop; elle périt, elle n'eft plus Bonté. Du moins elle n'eft plus *la Toute-Bonté*: car qui dit tout, dit tout, & où il manque un atôme, il n'y a point tout. C'eft la Doctrine, que j'ai promis de porter au plus haut degré de démonftration mathématique dans cette THEOCHARIS dont je pofe d'avance les fondemens. Et qu'on ne craigne point que je m'épuife: j'ai prévenu, qu'un Volume fur cette Matiere ne mérite que le nom d'*Effais*.... Ainfi donc Dieu fe *fuffit* à lui-même. Sans doute. C'eft-à-dire qu'il n'a pas befoin *d'aides* pour être ce qu'il eft; rien de plus certain. C'eft-à-dire, que pour l'entier Accompliffement de fes Perfections;

tions; pour être vraiment Dieu; (surtout pour être bon, très bon, infiniment bon; ce qui est *tout Dieu!*) il n'a besoin *ni de Sujets ni d'Objets*: cela est absurde. Si le fond des Sujets existe sans lui; comme ce fond est possible sans lui, il n'y a pas plus d'inconvénient. Et si le fond des Sujets existe par lui, il n'y a pas même ombre d'inconvénient dans ce *Besoin* qu'il a des Etres; *Besoin*, tant que l'on voudra, mais *Besoin* qui demeure pleinement satisfait par son Pouvoir.

Page 36. „ La Perfection divine trou-
„ ve *tout son Accomplissement* en elle-mê-
„ me. Son Objet *entier* est en Dieu-
„ même; il n'y a *aucune Perfection*
„ en Dieu qui ait son Objet *hors de*
„ *lui*. „

Quoi? La Puissance au moins? Quoi? son Objet est en Dieu! Et qu'y peut-elle faire? Qu'y opere-t-elle? J'avoue que la Puissance demeure Puissance sans
rien

rien opérer; mais son Objet, en cas qu'elle opere, n'en est pas moins hors d'elle & hors de Dieu, puisqu'il n'y a rien à faire en Dieu. Son Objet n'est pas ce qu'elle ne fait pas en n'opérant pas: mais ce qu'elle fait quand elle opere. Qu'on dise que l'Intelligence divine contemple les Idées divines: je passe cet ancien Jargon, quoique ce ne soit que pur Jargon. Qu'on dise que la Bonté divine se satisfait; (& en plein,) de l'amour d'un Bien possible, dont elle trouve l'idée en Dieu sans se soucier de le rendre réel. Ceci est pis que du Jargon. N'importe. Encore est-ce un acte de Bonté, que d'aimer une idée de Bien, comme c'est un acte d'Intelligence, que de concevoir une idée quelconque. Mais la Puissance n'*aime*, ni ne *conçoit*; elle *fait*, & il n'y a rien à faire en Dieu. Donc tout son Objet est hors de Dieu. Ce n'est pas ce qui est, qu'elle a pour Objet; c'est ce qui n'est pas. Or ce qui n'eſt pas, n'eſt pas en Dieu. Donc elle n'a aucune partie de ſon Objet en Dieu. Donc &c.

Page 37. „ La Perfection du Monde „ *ſuppoſe* certaines Fins déterminées. Il „ dépend donc *uniquement* de la ſouve- „ raine Liberté de Dieu de conſtituer „ ces Fins. Il ne s'agit pas de la Per- „ fection *qui pouroit avoir lieu*, mais de „ celle *que Dieu veut*. Le Monde eſt „ parfait, dès qu'il eſt ce qu'il doit être „ ſelon l'Intention de Dieu. *Il dépend* „ *donc uniquement de cette même Liberté* „ *de Dieu*, de fixer le degré de Perfec- „ tion qu'un Monde doit contenir ſelon „ ſes Fins. „

Si l'Intention de Dieu a été de ne faire qu'un Monde tout peuplé d'Oyes, & qu'il ſe méprenne; qu'il faſſe une infinité de Chérubins ſaints & heureux; il eſt ſûr que cette infinité de Chérubins ne vaudra pas, ſelon ſes Vûes, une des Oyes dont l'exiſtence étoit ſa Fin. Mais

la

la bonne méprife! Et qu'une Sageffe qui se méprendroit de la forte, feroit plus Sageffe, que celle qui se proposeroit pour Fin, des Oyes pendant toute l'éternité, & ne rateroit jamais fa Fin! L'Auteur ne comprendra-t-il pas qu'il eft à cent mille lieues de la Queftion, & que c'eft des *Fins de Dieu* qu'il s'agiffoit? Il ne lui refte que d'articuler que toutes Fins font égales à Dieu; & c'eft bien le faire que de répéter trente fois, fous divers tours, *que tout eft indifférent à Dieu, confidéré felon toutes fes Perfections.* L'on en peut juger par ce qui fuit.

Page 39. „ Toute la Perfection que
„ les Etres finis *doivent avoir*, ne dépend
„ que de la libre Volonté de Dieu.
„ *Avant* que de fuppofer *que Dieu fe*
„ *foit propofé certaines Fins*, il eft im-
„ poffible de penfer qu'il puiffe *pré-*
„ *férer une chofe à une autre* à caufe
„ de fa Perfection. „

Cela ne voudroit-il pas dire, *qu'il eft*

est impossible que Dieu préfere une chose avant de la préférer ? Prendre une chose pour Fin, ou la préférer à celles qu'on ne prend pas pour Fins, c'est tout un. Mais de plus, qu'est-ce qui détermine donc les Fins de Dieu ? Qu'est-ce qui détermine Dieu à préférer, non une Perfection à une Perfection, mais une Fin à une Fin ? Comment se propose-t-il telle Fin ? Il n'y a *aucune Raison* de l'existence des choses *contenue dans leur Perfection*, dit l'Auteur. *Aucune*, dit-il aussi en propres termes, quatre lignes plus haut, *aucune, contenue dans la Perfection de la Volonté divine*. Dieu, dit-il encore autre part, *n'y peut être déterminé par ses Perfections*. L'Auteur, après cela, prononce les grands mots de *suprème Indépendance*, de *souveraine Liberté*, & celui d'*Arbitraire*, qui rit autant à son imagination qu'il m'est odieux à concevoir ! Qu'au reste un pareil Dieu ; un Etre qui n'a de raison de ses Fins ni

en

en lui ni hors de lui; soit le pur Hazard, le Hazard divinisé; on n'en conviendra pas: mais le Hazard seroit-il pis?

J'aurois trop de choses à dire contre la *Notion génuine* que l'Auteur donne de la Liberté en cet endroit, laquelle, selon lui, leve *une grande partie des Difficultés qu'on se forge ordinairement.* Nous y reviendrons quelque jour.

On trouve, au bas de cette même page 39, ces Paroles: *Dieu n'a point de Liberté pour agir contre sa propre Perfection, essentielle des choses.* Comme cela ne fait point de sens, peut-être faut-il corriger: *Dieu n'a point de Liberté pour agir contre sa propre Perfection, ni contre la Perfection essentielle des choses.* Le sens est grand, & vrai; mais l'Auteur se contrediroit-il à ce point? car c'est lui qui parle. *Une Perfection essentielle des choses, indépendante de Dieu!...* Patience. Si ce n'est ici, c'est à la page suivante, te, qu'il tombe dans cette visible Contradiction; & ce n'en sera pas le dernier exemple.

Page 40. „ Il ne s'agit pas tant ici
„ de la Question. Si un Monde peut
„ contenir *plus de Réalité* qu'un autre?
„ que de celle-ci: Si un Monde *à cause*
„ *d'une Perfection possible, quelle qu'elle*
„ *soit*, doit être *préféré* par Dieu aux
„ autres Mondes possibles? Je crois
„ avoir raison de nier cette derniere
„ Question. Car il est *indifférent* à Dieu,
„ qu'il y ait plus ou moins de Réalités
„ finies existantes actuellement, ou bien
„ qu'il n'y en ait point du tout. La
„ *Perfection possible* ne fait rien ici; il
„ ne faut avoir égard qu'à l'Intention
„ de Dieu. *C'est Dieu qui constitue li-*
„ *brement ses Fins*, & des Fins qu'il
„ se propose résulte la Perfection d'un
„ Monde actuel. „

Voilà ce que j'ai dit: l'Auteur abandonne nettement sa Théorie de la Perfection.

fection. Il commence à fentir qu'il fe pouroit bien qu'il y eût une plus grande *Somme de Réalités*, finon dans un Bœuf peut-être, dans un Monde au moins, que dans une Oye; & par conféquent plus de *Perfection*. Mais en revanche, il fe fortifie dans la brave Idée qu'il a de l'Indépendance abfolue des Fins de Dieu. Qu'importe, ah! qu'importe à Dieu, qu'il y ait plus ou moins de *Réalité*, c'eſt-à-dire de *Sainteté*, de *Félicité*, hors de lui, où qu'il n'y en ait point du tout! Il faut voir ce qui lui plaira. Gare, que ce ne foit un Monde d'Oyes, plûtôt qu'un Monde de Chérubins! Non: grace au Hazard, ce n'eſt ni l'un ni l'autre; mais quelque chofe dans l'efpace infini qui eſt entre deux: & ce quelque chofe a le vrai *Degré* de Perfection *mefuré par les Fins de Dieu*. En d'autres termes; c'eſt-à-dire, que ce quelque chofe eſt le quelque chofe que Dieu choifit. Or, comme il n'y a de raifon de ce Choix ni en Dieu ni hors de Dieu : & qu'on assure qu'il pouvoit très *indifféremment* se proposer de tout autres Fins ; toute autre chose qu'il eût choisie, eût aussi été ce qu'il eût choisi, & auroit eu de même le vrai *Degré* de Perfection relatif aux *Fins de Dieu.* Quelle Doctrine ! & que c'est bien un digne objet de mes plus vives Protestations !

Page 41. „ Je reconnois en Dieu
„ deux Volontés ; une Volonté *libre*, &
„ une Volonté *nécessaire.* La Volonté
„ nécessaire de Dieu, c'est celle qui est
„ déterminée par sa souveraine Perfec-
„ tion ; elle est en lui de toute éternité,
„ & aussi nécessaire que son Essence-mê-
„ me. C'est par cette Volonté que Dieu
„ *veut nécessairement* tout ce qui est *Bon*
„ *& Parfait,* par conséquent aussi *la*
„ *Perfection finie.* Mais que signifie
„ cette expression, *qu'il veut la Per-*
„ *fection finie ?* Ce n'est pas qu'il en
„ veuille *l'Existence réelle* : cela signifie
seule-

„ feulement qu'il aime *toute Réalité*,
„ qu'il s'y plaît. &c. „

Ma foi! je ne fais plus où en est l'Auteur, & je crains qu'il ne le fache pas trop lui-même: il ne fait que s'enfoncer de moment à autre dans la contradiction. Toute *Perfection* même *finie*, Objet de la Volonté *néceſſaire* de Dieu! & par conſéquent *indépendante des Fins de Dieu*, leſquelles font *libres* & tout-à-fait *arbitraires*, ſelon lui! A quoi donc a ſervi cette profonde Doctrine des Fins, *ſans leſquelles on ne ſauroit concevoir la Perfection?* Pourquoi tant de diſcours, pour établir des Vérités *inconteſtables* qu'on eſt contraint de laiſſer là? Enſuite, une Volonté *néceſſaire*, qui veut *toute Réalité*, mais qui ne veut pas *l'Exiſtence réelle*; comme ſi *l'Exiſtence réelle* n'étoit pas une *Réalité!* L'Auteur l'a bien ſenti, & c'eſt merveille comme il ſe tire de l'Objection. Son Raiſonnement, un peu analyſé, revient à diſtinguer une

Exiſtence réelle réelle, & une *Exiſtence réelle* poſſible. C'eſt cette derniere qui eſt l'Objet de la Volonté néceſſaire de Dieu, & l'autre point. Et mais bon Dieu! eſt-ce que *l'Exiſtence réelle* réelle n'eſt pas auſſi une *Réalité*? D'où vient que celle-là n'eſt pas, comme les autres, l'Objet de cette Volonté qui aime, qui *veut né-ceſſairement* toute Réalité? Oh! c'eſt qu'il y a une différence! Voyez-vous? „ Les „ Objets *poſſibles* ſont ſi *vivement*, ſi *par-* „ *faitement* préſens aux yeux de Dieu, „ & d'une maniere *ſi équipollente à leur* „ *Exiſtence réelle*, que cela ſuffit pour le „ *contentement* de ſon Amour eſſentiel „ de la Perfection, & pour l'entier *ac-* „ *compliſſement* de ſa Bonté. Comment „ donc auroit-il beſoin *de leur Exiſtence* „ *réelle* pour en jouir? „ Notez bien ce *pour en jouir*; il eſt admirable. Qui? jouir de la Bonne Volonté de Dieu? les autres Etres? non: Dieu-même! Il voit tous les Etres poſſibles nageans dans

des

des torrens d'une volupté exquise: il les voit si vivement, si parfaitement, & d'une maniere si équipollente à la réalité, que c'est pour lui comme s'ils y étoient; il y nage avec eux; il en goûte une satisfaction infinie, par un effet de la tendresse infinie qu'il leur porte, ou à leur idée. Qu'avec cela, ils existent ou qu'ils n'existent point, ou qu'ils existent dans des états pénibles & douloureux; cela lui est égal: *car d'eux il ne lui chaut,** à parler net; & tout *Accomplissement extérieur*, toute *Existence réelle* &c, *est chose indifférente à Dieu*, selon les propres termes de notre Auteur.

Page 42. „ L'Intellect de Dieu lui re-
„ présente une infinité de Mondes possi-
„ bles. C'est à sa Volonté libre de choi-
„ sir celui qui recevra l'Existence. Elle
„ en choisira un, *qui soit digne de la Per-*
„ *fection de Dieu*. „

Est-ce l'Auteur qui parle? Hélas oui!

* *Pseaumes* de Marot.

mais

mais qui s'oublie de plus en plus. Il s'oublie en *Perfection*, & selon toute la *Somme des Réalités* qui devroient être présentes à sa mémoire. *Un Monde possible, digne de la Perfection de Dieu!* Je lui demande: Y a-t-il plus d'un Monde possible dans le cas *d'être digne de la Perfection de Dieu?* ou n'y en a-t-il qu'un? S'il répond qu'il n'y en a qu'un, il oublie ce qu'il a répété trente fois, *qu'il ne se peut pas qu'un Monde possible soit plus conforme à la Perfection divine, plus digne de la Perfection divine, qu'aucun autre.* S'il répond qu'il y en a plusieurs, (& c'est son Opinion,) il oublie ce qu'il a repété aussi souvent, *que la Perfection d'un Monde suppose certaines Fins déterminées de Dieu, l'Intention, les Vûes de Dieu.* Or comme Dieu ne *détermine* qu'un certain Système de Fins qui s'appelle *le Monde*, il n'y a donc que ce Monde qui acquiere de la Perfection. Cependant d'être *digne de la Perfection*

de

de Dieu seroit sans doute une Perfection. Donc il n'y a que ce Monde, & non plusieurs, *qui soit digne de la Perfection de Dieu*. Donc l'Auteur en revient malgré lui-même à l'Optimisme, au Meilleur, au plus Parfait; ou si l'on aime mieux, au seul Parfait, au Parfait unique, contre lequel il s'est si fort déchaîné. Mais dans l'une & dans l'autre Réponse, il oublie encore ce qu'il a redit tant & tant de fois, *que toute Existence est indifférente à Dieu, considéré selon toutes ses Perfections, & qu'aucune Perfection divine n'a son Objet hors d'elle*. Apparemment que ce qui est *digne de la Perfection de Dieu* est un peu l'*Objet de ses Perfections*, & ne lui sauroit être *indifférent* . . . . Et que l'Auteur ne s'imagine pas échapper, en disant que c'est l'Idée d'un Monde, laquelle est *en Dieu*, qui est *digne de la Perfection de Dieu*. Toutes les Idées de Dieu sont également *dignes de Dieu*, en tant que représentantes.

Autre

Autre chose est ce qu'elles représentent. Sans cette distinction il n'y a point d'horreurs qu'on ne pût attribuer à Dieu. L'Idée qu'il a d'un Monde d'Energumenes est très *digne* de lui, en tant qu'Idée. Qu'il prenne ce Monde pour Fin, & qu'il le réalise en conséquence. Il lui donne la Perfection qui *résulte de son Choix*. Rien n'y manque selon l'Auteur.

Page 43. ,, Dieu, par son Amour
,, *essentiel* de la Perfection, veut aussi
,, la Perfection dans ses actions *libres*.
,, Comment celui qui aime *immuable-*
,, *ment* la Perfection, la pouroit-il *né-*
,, *gliger* dans ses propres actions ? Mais
,, cela n'empêche pas que la Volonté
,, libre ne fasse son choix *avec une con-*
,, *tingence parfaite*, n'y étant point *déter-*
,, *minée par la Perfection divine*. ,,

Si l'Auteur concilie de pareilles idées, j'en suis bien aise. Pour moi, j'ai le malheur de n'y voir que la plus palpable

ble contradiction en quatre lignes : c'est pis que de l'oubli, sans compter que l'oubli n'y manque pas non plus. Dieu, par son Amour *essentiel* de la Perfection, veut-il aussi la Perfection dans ses actions *libres*? Il n'est donc pas vrai qu'il n'y soit point *déterminé par sa Perfection*. Dieu y porte-t-il *une contingence parfaite*? Il est donc faux qu'il aime *immuablement* la Perfection, au point de ne la pouvoir *négliger* dans ses actions. Ajustez, je vous prie, l'indéterminé avec l'essentiel, & le contingent avec l'immuable! *La Volonté libre*, dit ensuite l'Auteur, *se propose des Fins dignes de Dieu, quoiqu'elle pût aussi bien s'en proposer d'autres*. D'autres!... aussi dignes? plus dignes? ou moins dignes?... Si de moins dignes ; pourquoi pas d'infiniment moins dignes, & par conséquent d'indignes?... Si de plus dignes ; pourquoi pas d'infiniment plus dignes ? & telles, que celles qui subsistent soyent

vrai-

vraiment indignes à leur égard?.... Dans l'un & dans l'autre cas, où est cet Amour *essentiel, immuable, infini*, qui ne sauroit *négliger* la Perfection? Resteroit à dire, que Dieu est déterminé *immuablement, essentiellement*, par son Amour *infini* de la Perfection, à se proposer des Fins, telles qu'il n'y en ait point de *plus* dignes de lui; mais seulement d'*aussi* dignes. Sur quoi je remarque; 1°. Que voilà, par cet aveu, la contingence du choix si restrainte, qu'il est donc faux qu'elle soit parfaite, aussi bien que cette indifférence étrange qu'on attribue à Dieu pour tout ce qui est extérieur. 2°. Que les efforts de l'Auteur, pour prouver la possibilité de plusieurs Parfaits égaux par la raison qu'ils rempliroient également les Fins de Dieu, sont de la derniere inutilité par rapport à la Perfection-même des Fins, pour conclurre qu'il y en ait d'aussi parfaites, & d'aussi dignes de Dieu les unes que les autres.

autres. 3º. Que, Partisan de l'Optimisme au fond, sans le savoir, l'Auteur en accordant à Dieu le Choix du Meilleur, ne fait plus que batailler pour une pluralité de Meilleurs, qui redonne lieu à l'Arbitraire sans quoi tout seroit perdu. Je n'insiste que sur ce point. Ainsi donc on nous fait la grace (je n'en suis pas trop sûr; je le suppose;) d'avouer que l'Amour *essentiel* de Dieu pour la Perfection ne lui permettra pas de préférer des Fins moins dignes de lui, & d'en *négliger* de plus dignes. La Bonté, la Sagesse sont satisfaites; ce n'est rien: que la douce Liberté le soit à son tour. *Quelle pensée, de nier la Liberté de Dieu!* dit l'Auteur, qui en veut à quelqu'un sans doute. Eh bien! que faut-il pour la rétablir, cette Liberté? De ma part, je ne m'y oppose point. L'Auteur de son côté, me paroît homme de composition, & des plus raisonnables, sérieusement, que j'aye vûs sur cet article. Hélas! il deman-

demande si peu que c'est cruauté de le refuser. N'y a-t-il qu'un Meilleur unique? un Meilleur A? Voyez donc! Dieu sera aussi *déterminé par son essence* à choisir ce Meilleur, que le Cercle à n'avoir qu'un centre. Quel assujétissement! quel esclavage pour un Dieu! Y en a-t-il deux? A & B? entre lesquels on pût tirer à la courte-paille, à croix-pile, à pair-ou-non? Triomphe! victoire! l'honneur de la Divinité est à couvert! Le beau Mot de *Liberté* renaît, l'aimable Contingence, le précieux Arbitraire! Dieu peut dire: „Je suis li-
„ bre, moi! Si je choisis A, je n'y suis
„ *déterminé* ni par Bonté, ni par Sa-
„ gesse, ni *par aucune Perfection*. Quel
„ charme!... Quoi? ne pouvoir faire
„ un pas sans l'avis de ces Importunes!
„ Ici du moins elles n'ont rien à pres-
„ crire. Je puis choisir B; je puis
„ choisir A. Que C n'est-il aussi dans
„ le cas de l'égalité! J'aurois mes cou-
„ dées

„ dées plus franches! un objet de plus,
„ pour un Choix dénué de raison! „
Point de raison, Monseigneur! point de raison! * Le R. P. Canaye n'étoit pas plus édifié de ce *point de raison*, que la plûpart de nos Philosophes, qui le croyent si essentiel à la gloire du Choix de Dieu. O pauvres Hommes qui nous moquons des Dieux de nos devanciers! Mars, blessé dans un combat par un mortel jette un cri tel que dix mille hommes l'auroient pû faire: c'en est assez, selon le judicieux Homere, pour sauver l'honneur du Dieu. Combien il en faut moins pour se rassurer aujourd'hui sur l'idée des Perfections divines! Et qu'on dise, *que de meilleurs Philosophes y ont mis la main!* **

Que répondre à cet accablant Sarcasme? Le taxer d'une souveraine indécence, comme on a fait cette Oraison Wolffienne?

---
* St. Evremond, *Tome I.*
** Fontenelle, *Tome III.*

fienne? „ Seigneur, nous avons un re-
„ pentir sincere, de ce que tu nous a
„ mis dans des conjonctures, qui en-
„ traînoient infailliblement &c. Nous
„ reconnoissons, Seigneur, notre ini-
„ quité, en ce qu'il n'y a aucun de nous,
„ qui mis en d'autres conjonctures par
„ ta Volonté divine, n'eût été infailli-
„ blement un très grand saint. Il nous
„ étoit si facile d'être saints ! Cela ne
„ dépendoit, Seigneur, que de la pre-
„ miere disposition des choses, il y a
„ six mille ans! &c. * „ & plusieurs
traits de cette nature, que je me suis
permis en diverses rencontres, ** parcequ'ils font pénétrer, jusqu'au fond de
l'ame la moins accessible au vrai, l'absurdité criante des Opinions ? Ne rou-
gira-t-on point de la mauvaise foi des
plaintes qu'on a faites à ce sujet ? Il est
plus

* *Du Hazard sous l'empire de la Providence,* page 123.
** *Pensées sur la Liberté; Pensées sur l'Homme &c.*

plus qu'indécent, je l'avoue, il est impie d'attribuer, ne fût-ce que par maniere de comparaison, au Dieu que l'on reconnoît soi-même, quelque en soit l'idée, une conduite & des discours dont on sent l'impertinence. Mais y a-t-il tours, qui ne soyent légitimes dès qu'ils sont justes, s'il s'agit d'un Dieu qu'on tient pour faux; & si l'on veut expressément par là en faire connoître la fausseté? Pourquoi de bizarres idées de la Divinité, rendues sur le papier en langage humain, seroient-elles plus consacrées sous le nom de Dieu, que rendues par le marbre ou par le bronze? Envain, le génie de Phidias, échauffé de celui d'Homere, donne au Jupiter Olympien, des traits, & une majesté, que Dieu n'eût peut-être pas dédaigné de prendre, en Eden ou en Sina. Un Fidele a dû braver cette sublime Idole. Et ces vaines Idoles de nos jours, *Systèmes de Philosophie, Systèmes de Théologie*;

fort inférieures à celle de Phidias; il n'y faudra toucher qu'avec respect!

Revenons, & finissons.

Ce qui reste contient un parallele que l'Auteur fait de sa Doctrine avec celle de Pope & de Leibnitz: mais ce que j'aurois à remarquer là-dessus me meneroit loin; je le réserve pour quelque occasion qui se trouvera de maniere ou d'autre. Il faut se borner, & je puis dire que je n'ai pas employé la dixieme partie des réflexions qui se sont présentées sur ce qui précede. Encore ne me suis-je un peu étendu, que parceque c'est moins la Doctrine d'un seul Philosophe que je viens de combattre, que ce n'est celle, en vérité! du plus grand nombre des Humains.

Une chose m'inquiete, comment l'Auteur prendra la vivacité de mon attaque. Ne la confondra-t-il point avec la brutalité des traitemens, dont il s'est plaint avec raison? Ne s'identifiera-t-il point trop

trop avec sa Cause dont je sais très fort le distinguer? Ou, voudra-t-il se souvenir de ce que j'ai tant inculqué dans mes Ecrits; que rien n'est plus commun, que de voir des Opinions très déraisonnables, soûtenues par des Personnes d'un vrai mérite, & soûtenues.... comme le peuvent être des Opinions déraisonnables? Il n'y a point de Sectes, ni de Pays, qui n'en ayent des milliers d'exemples. L'Auteur en est un, selon toute l'étendue du cas: Opinions très déraisonnables, quelque effort qu'il fasse pour les pallier; & beaucoup de mérite, en dépit de ses Adversaires. Quant à moi, la chaleur, qu'il ne m'est pas possible de ne point témoigner contre certaines Erreurs, ne m'empêchera jamais de reconnoître les qualités louables des Errans; & surtout, la pureté de leurs Intentions, sans ajoûter avec la charité d'un moderne Chrysostome, *que je les en crois sur leur parole.*

On a vû avec quelle franchife, dès le mois de Juillet 1755, j'annonçois à l'Auteur les plus fortes Proteftations contre fa Doctrine. Ce qu'il a écrit contre moi depuis ce temps-là n'y a rien changé. Je puis affurer, qu'aujourd'hui (23 Novembre 1756,) que j'envoye ces *Remarques* à l'Imprimeur, je n'ai point encore lû la Piece dont il s'agit. Elle eft Allemande: ce qui ne fuppofe pas une entiere impoffibilité, mais beaucoup de difficulté. M. Mérian, mon digne Confrere, & malgré la différence d'Opinions mon fincere Ami, s'étant offert plufieurs fois de me l'expliquer, je l'ai remercié jufqu'à préfent. J'ai voulu qu'il me fût le cœur net. Son offre ne fera point de refus, quand je reprendrai les matieres de la *Liberté* & du *Hazard*.

FOUDRES
DE M. GOTTSCHED.

Rien n'a été plus rond, & plus dégagé d'intrigue & de tracasserie, que l'affaire du Prix de 1755. Il seroit à souhaiter que tout se passât dans les Sociétés savantes, avec la même simplicité & la même candeur. Dans la proposition du Sujet, nulles vûes que de s'instruire. Dans l'examen des Pieces, la plus scrupuleuse exactitude. Dans l'adjudication du Prix, une parfaite liberté de suffrages. Point de ces *unanimités* suspectes à juste titre.* Au contraire, partage de voix, signe de liberté non équivoque. Egalité, d'abord balancée, puis décidée par une prépondérance légere, mais assurément bien dépouillée de passion & de préjugés.

---

* Lorsqu'une Décision s'arrête, *non unâ voce, sed uno silentio*.

Cela n'a point empêché l'Académie d'être en butte à de malignes Censures en cette occasion comme en toute autre. Ses Ennemis, non contens des riches moissons de Satyres & de Libelles, qu'ils ont recueillies de quelques affaires précédentes, ont encore voulu glaner en celle-ci. A leur tête l'Aristarque de l'Allemagne, Juge & Inspecteur né de tous les Savans, & de toutes les Sociétés savantes que la Germanie a dans son sein, M. le Professeur Gottsched, n'a pas manqué à son ordinaire de se distinguer par l'énergie des tons,

durus
Vindemiator & invictus!

Injures atroces, & puériles Chicanes; ce galant Homme n'épargne rien.*

Gran-

---

* Voyez entr'autres son Programme Latin, *De Optimismi maculâ, disertè nuper A. Popio Anglo, tacitè autem G. Leibnitzio, perperam licet, inusta.* Leipsic, 1754; & sa Philosophie Allemande, *Erste Gründe der gesammten Weltweisheit, practischer Theil.* Leipsic, 1756.

Grande indécence à l'Académie, de mettre.... il ne dit pas une Queſtion, mais une Verité telle que celle du *meilleur Monde*, en une ſorte de comparaiſon avec un Prix de cinquante Ducats! Voilà qui eſt terrible! Cependant une célebre Académie de France, il y a quelques années, propoſa la Queſtion; *qu'eſt-ce que Dieu?* ſans que perſonne le trouvât mauvais; & cette Académie eſt moins appellée que la nôtre, par ſa Conſtitution, a traiter de pareils Sujets.

Enſuite, ſous prétexte que le nom d'*Optimiſme* a été inventé par M. Crouſaz, ennemi déclaré de Pope & de Leibnitz, c'eſt par maniere d'inſulte que l'Académie l'employe; c'eſt un fer chaud, dont on a voulu marquer ces grands Hommes au front. *Optimiſmi macula Popio & Leibnitzio inuſta!* Je puis proteſter en mon particulier, que j'ignorois cette Anecdote; & je crois pouvoir dire que le reſte de mes Confreres, ou ne la ſavoit

savoit pas non plus, ou n'y penſoit pas. Qui eſt-ce même qui y penſe aujourd'hui? A la honte du ſeul Crouſaz, & la dériſion, & les fauſſes idées qu'il attachoit à ce mot, ſont oubliées. L'on ne fait attention qu'à l'étimologie, qui le rend propre à exprimer *le Choix du Meilleur*, ou le Syſtème qui le concerne. Si les généreux Fondateurs de la Liberté Belgique, s'honorerent du titre de *Gueux* qui leur avoit été donné par moquerie; des Philoſophes peuvent bien adopter un mot, qui exprime le plus juſte du monde leur Opinion, quel qu'ait été le motif de l'Inventeur. Mais il eſt vrai que de pareilles délicateſſes ne ſont point pour M. Gottſched; il faut être au deſſus de l'inſulte, pour la ſavoir prendre de cette façon. Enfin quels ſont les Membres de l'Académie qui ont propoſé, ou agréé, *la Queſtion de l'Optimiſme* pour Sujet du Prix? Tous de zélés Partiſans de l'*Optimiſme*, & moi avec eux à

ma

ma maniere; & nous n'avons certainement prétendu flétrir, ni le Syſtème, ni ſes Auteurs.

Ce qui ſuit eſt plus ſérieux. Dans les grands dangers le Sénat de Rome armoit la prudence des Conſuls du fameux Decret, *ne quid Reſp. detrimenti capiat*. M. Gottſched, qui vaut ſeul un Sénat, *prévoyant*, aux prémieres démarches de l'Académie, c'eſt-à-dire au choix de la Queſtion, & à ce malheureux mot d'*Optimiſme*, de quelle honte elle étoit menacée, *pria les Directeurs, par un Programme qu'il fit publier exprès*, D'EMPECHER QUE LA RELIGION, LA PHILOSOPHIE, ET LEUR HONNEUR, NE SOUFFRISSENT UN DOMMAGE IRREPARABLE.* Quel crime ! on n'en a tenu compte ! „ Cette Requête, ajoû„ te-t-il, cette Requête publique, d'un „ Membre externe de *la dite* Académie,

„ a

---

* *Gottſcheds erſte Gründe der geſammten Weltweisheit &c.* p. 482.

„ a été vaine. Mais ce qu'il y a de
„ bon, c'est que celui qui a remporté ce
„ *Pretium sceleris* avoit pris pour devise
„ ce vers d'Horace,

„ Nil mortalibus arduum est.

„ La vraye décision de la chose est con-
„ tenue dans le vers suivant;

„ Cœlum ipsum petimus stultitiâ ! „

Ainsi, cela n'est point douteux; c'est un guet-à-pens contre le Ciel. Troupe d'Encelades, nous avons couronné en Mai 1755, le Forfait que nous projettions depuis deux ans. (*Cœlum ipsum petimus.... stultitiâ!*) Sanhédrin détestable, nous avons récompensé, non du prix de trente Deniers, mais plus généreusement, du prix de cinquante Ducats, (*Pretium sceleris!*) l'outrage fait à la Vérité; prostituant notre Honneur, la Philosophie, la Religion, & ce qui dit tout, & plus que tout, LE WOLFFIANISME.

Où en est-on, quand on ne veut pas pen-

penser que ce que les Opinions des autres sont pour nous, nos Opinions le sont pour les autres; & que nos *jolis Hiboux* ne paroissent à l'Aigle que de *petits monstres?* Encore, si ne pouvant point ne pas chérir nos Hiboux, productions, comme nous, de la Nuit & des Ténebres, nous n'accusions point ceux qui sont dans le même cas, d'un dessein formel d'affliger la Nature par de nouveaux monstres; si nous avions soin de distinguer les Intentions des Opinions; on ne renchériroit pas les uns sur les autres par les reproches les plus odieux. M. Reinhard, franchement, avec sa devise,

Nil mortalibus arduum est!

a voulu reprocher aux Partisans de l'Optimisme, une Audace extrême, d'oser dire, *que l'infinie Bonté est déterminée au Meilleur par son essence.* Ceux-ci, qui pour le bien du Meilleur ne se piquent pas d'être endurans, (j'entens les Wolffiens;)

fiens;) & qui ne demeurerent jamais en arriere d'Injures avec personne, disposés plûtôt à vous prévenir, & à vous en payer en échange de Politesses; tant leur libéralité est excessive! Ceux-ci, dis-je, le lui rendent avec usure, & nous enveloppent fort mal à propos là-dedans; nous, qui n'avons fait que juger d'une Piece, relativement à d'autres Pieces, sans prononcer sur la Question.

Cœlum ipsum petimus stultitiâ!

Mais ce qu'il y a de bon, (comme dit M. Gottsched,) c'est la suite-même des vers d'Horace, selon l'ingénieuse remarque de mon cher Confrere M. Mérian.

Neque
Per nostrum patimur scelus
Iracunda Jovem ponere fulmina.

.... Le Jupiter que nos crimes irritent si fort, ce n'est ni le Jupiter Olympien, ni le Capitolin; ... mais le le Jupiter Leipſicois, dont le burlesque Foudre ne ceſſe de gronder à nos oreilles.

Si l'on penſe à la vivacité récente des pourſuites contre un Membre externe de l'Académie, pour une ſimple Citation ſuſpecte, & au mépris conſtant que l'Académie fait des Outrages de M. Gottſched, ſi ſouvent & ſi opiniâtrément réitérés, on ne peut qu'admirer cette conduite : d'une part la chaleur de ſon zele pour ce qui concerne ſon illuſtre Chef; & de l'autre, ſon indifférence ſur ce qui ne concerne qu'elle. Car enfin, quoique M. Gottſched, dit-on, ſoit M. Gottſched, M. Gottſched n'en eſt pas moins un Adverſaire conſidérable à bien des égards : Profeſſeur d'une des plus célebres Univerſités d'Allemagne; Membre de preſque toutes les Académies de l'Allemagne; Préſident d'une Société qui eſt en Allemagne, ce que l'Académie Françoiſe eſt en France; Légiſlateur dans

dans la Langue Allemande; Coryphée dans la Littérature Allemande; Poëte, Orateur, Philosophe, Jurisconsulte, Grammairien, Théologien, Journaliste; plus que tout cela..... Disciple, Ami, Historien, Panégyriste de Wolff, & l'heureux Elisée sur qui repose l'esprit d'Elie!... Oui, répond-on; mais au bout du compte *M. Gottsched*.

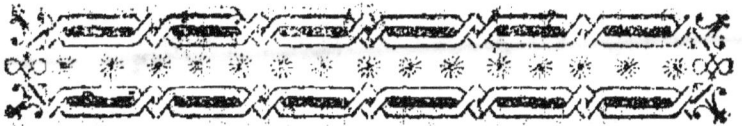

OBSERVATION
SUR UNE PRÉTENDUE MERVEILLE,
qu'on a souvent entendu attribuer à la Langue Chinoise.*

L'Assemblée est sans doute un peu surprise de se voir transportée à la Chine, & qu'on veuille l'entretenir d'une Langue dont elle n'a pas la moindre connoissance. Je la prie de ne se point effrayer. Ce que j'ai dessein de lui communiquer est court, & ce n'est rien qu'elle ne puisse entendre, même, si je ne me flatte, avec quelque sorte de plaisir. Il seroit trop extravagant de la régaler, au nom de l'Académie, d'une simple remarque de Grammaire; & de plus, sur du Chinois. L'Observation que j'ai l'honneur de lui présenter, est du ressort de la Philosophie, en tant que le Méca-

* Lû à l'Assemblée publique de l'Académie, le 7 Juin 1753.

nisme des Langues en général se fonde sur les procédés de l'Esprit humain. C'est à ce titre que je la produis.

Il n'y a personne qui n'ait oui dire, que les Chinois ont aux environs de cent-mille caracteres dans leur Ecriture courante. Là dessus on conçoit déjà bien une Langue fort difficile : mais comme ce qui a l'air merveilleux est en droit d'en imposer, on se figure que puisque nos Langues avec vingt-quatre lettres sont d'un usage si admirable, la Chinoise avec cent-mille doit être d'une netteté & d'une richesse au delà de toute expression. Rien moins que cela. Je vais toucher ici une idée singuliere, mais vraye, qui sera détaillée plus au long dans le *Projet d'une Langue Philosophique*, dont j'ai les matériaux dans mes papiers. C'est que le Chinois, avec ses cent-mille caracteres, ne nous offre rien en ce point, (je veux dire, Messieurs, dans la prétendue Propriété de cet Alphabet

phabet immense,) absolument rien, qui ne lui soit commun avec toutes les Langues du monde, avec le François, l'Allemand, le Latin &c, tandis que toutes nos Langues ont de plus une Propriété qui manque au Chinois seul.

Ceci paroît d'abord un Paradoxe plus que révoltant. N'importe, si je le démontre. Il y a lontems qu'on devroit s'être convaincu, qu'il se trouve plus de vérité dans bien des Paradoxes, que dans quantité d'Axiomes accrédités. Ici, il est sûr qu'il ne faut qu'un peu d'attention pour sentir ce que j'avance. Je proteste en honneur, que j'en fis tomber d'accord, il y a déjà douze ou treize ans, (en 1740 ou 1741,) l'Homme le plus entêté de l'excellence & des prérogatives de la Langue Chinoise; le savant M. Fourmont l'aîné, si célèbre par la Grammaire qu'il en a faite à Paris, du fond de son Cabinet, sur de simples Manuscrits de la Bibliotheque du Roi, qu'il déchiffra. On fait que cette Grammaire publiée par ordre de la Cour, fut jugée plus exacte que celle qui arriva de la Chine peu de tems après, composée par des Peres Jésuites sur les lieux-mêmes. Je fus porté à prendre quelque connoissance de ces matieres, par la curiosité que j'avois de m'instruire du Mécanisme particulier des différentes Langues. La pensée que l'on va voir, fut le fruit de la premiere inspection: l'Assemblée jugera dans le moment, s'il est possible de s'y refuser.

Les Chinois ont autant de caracteres que de mots, ou si l'on veut, autant de caracteres que d'idées, & de modifications d'idées, à exprimer par le Langage ordinaire. C'est, dit-on, une singularité qui distingue leur Ecriture de celle de tous les autres Peuples. Je prétens, moi, qu'il n'y a point de Langue, qui ne soit dans le même cas; point qui n'ait, à le bien prendre, précisément comme

la

la Chinoise, un caractere pour chaque idée, & pour chaque modification d'idée, un caractere pour chaque mot.

Je demande, qu'est-ce qu'un *caractere*? Il y en a de plus simples & de plus composés. Les caracteres simples consistent en une petite ligne, droite, courbe, ou anguleuse, faite d'un ou de deux traits de plume. Les caracteres composés sont un assemblage d'un plus grand nombre de traits, comme de sept ou huit, par exemple, ou même davantage. Qu'est-ce donc qui m'empêche de considérer cet assemblage de traits, *homme*, par quoi nous désignons dans notre Ecriture Françoise chaque Individu de l'espece humaine? qu'est-ce qui m'empêche de le considérer comme un caractere unique; composé, je l'avoue, mais enfin un caractere? N'a-t-on jamais remarqué sur des bâtons d'encre de la Chine, ou sur des boîtes qui viennent de ce pays-là, certaines figures for-

mées de plusieurs traits fort bizarres?
Ce sont autant de caracteres, & par conséquent autant de mots Chinois; & il y en a dont les traits sont assurément plus compliqués que ceux d'où résulte ce mot *homme*, & bien d'autres mots plus longs. Nous touchons au but. Ce que je dis du François *homme*, qu'on l'applique au Teuton *man*, au Latin *vir*, au Grec *aner*; qu'on l'applique à quelqu'autre mot de quelque Langue que ce puisse être. Il est clair qu'il n'y a point d'Ecriture qui ne soit, à toute rigueur, dans le cas de la Chinoise. L'Ecriture Chinoise employe pour chaque mot, pour chaque idée, un assemblage de traits, comme de huit ou neuf, plus ou moins. Il n'y a point de Langue au monde qui n'employe de même, pour l'expression de chaque idée peinte aux yeux, un assemblage d'environ huit ou neuf traits. Or un pareil assemblage est ce qui s'appelle un *caractere*. Je ne vois pas qu'il y ait grand mystere à cela. Mais

Mais quelle est donc en ce cas la différence des autres Langues avec la Chinoise? Oh la voici. Elle est toute au désavantage de cette derniere.

Il faut encore savoir que les Chinois en un sens ont deux Langues au lieu d'une. L'une qui se prononce & ne s'écrit point; & celle-là, de l'aveu de M. Fourmont lui-même, est très pauvre & très chétive. L'autre, dont il est ici question, s'écrit & ne se prononce point. La raison en est que les caracteres Chinois sont représentatifs, non du son-même des mots, mais de leurs idées, précisément comme nos caracteres d'Arithmétique. Par exemple, ce chiffre 5 représente bien l'idée de cinq unités, mais il ne représente pas plus le son du mot François *cinq*, que celui du Latin *quinque*, du Grec *pente*, de l'Allemand *fünf*, & ainsi des autres; au lieu que le mot ou caractere François *cinq* est également représentatif, & de l'idée dési-

gnée

gnée par le caractere arithmétique 5, & du son que nous prononçons pour exprimer cette même idée. Comme donc on fait tous les jours de longs calculs sans prononcer un mot, ou bien en prononçant indifféremment sur les mêmes chiffres, du François, de l'Allemand, ou du Latin; on comprendra sans peine qu'on peut lire des volumes entiers de Chinois, sans y joindre aucun son, ou bien en y joignant indifféremment les sons de telle Langue que l'on voudra. Les Chinois ont dans leur Langue écrite un caractere pour signifier *homme*; ils ont aussi dans leur Langue orale un son pour désigner cette même idée *homme*; mais ce caractere & ce son n'ont aucun rapport, & il est aussi indifférent à la vûe du caractere de la Langue écrite de prononcer le son de la Langue orale, qu'il l'est de prononcer *homme*, *man*, *vir*, *aner* &c. En sorte que, quand je dis qu'on peut lire des volumes entiers de Chi-

Chinois fans joindre aucun fon, ce n'eſt pas comme lorſqu'il nous arrive de lire ſeulement des yeux; mais c'eſt qu'au pied de la lettre un caractere Chinois n'eſt en aucune façon repréſentatif d'un certain ſon plûtôt que d'un autre: encore un coup, (car la comparaiſon eſt auſſi heureuſe qu'il ſoit poſſible,) de même que les caracteres de notre Arithmétique Européenne ne ſont pas plus repréſentatifs des ſons qui expriment les noms de nombres dans la Langue Françoiſe, que de ceux qui les expriment dans quelqu'autre Langue que ce ſoit.

Maintenant comment s'initie-t-on dans cette Lecture? Une comparaiſon le va faire entendre. Suppoſons que par une bizarrerie, qui ne ſeroit que celle de la Nation Chinoiſe, on parlât le François dans toute l'Europe ſans s'être aviſé de l'écrire, & qu'on écrivît le Latin ſans s'être aviſé de le prononcer. Le François prononcé

noncé fans être jamais écrit feroit notre Langue orale. Le Latin écrit fans être jamais prononcé feroit, comme le Chinois, une vraye Caractéristique uniquement faite pour les yeux. Suppofons de plus qu'en écrivant le Latin on ne fe fût point apperçu qu'il ne s'agit que de vingt-trois petits traits, qui par leurs diverfes combinaifons font face à tout ce qu'on peut avoir dans l'efprit. Ou bien c'eft qu'on aura eu honte d'une fi grande pauvreté. Vingt-trois ou vingt-quatre caracteres, quelle indigence! On aura mieux aimé fe vanter d'un Alphabet merveilleux, qui raffemble autant de caracteres que d'idées ou de modifications d'idées, *amo*, *amas*, *dominus*, *domini*, *dominorum*; ce qui va certainement bien aux environs de cent-mille, fi cela ne paffe de beaucoup. Pour apprendre à le déchiffrer, cet Alphabet, on préfente à nos yeux

yeux l'assemblage de traits *vir*, on prononce *homme*; *domus*, on prononce *maison*; *credere*, on prononce *croire*; *semper*, on prononce *toûjours*; *ego*, on prononce *moi*; *mihi*, on prononce *à moi*, & ainsi de suite pour tous les mots du Dictionnaire, & pour toutes les inflexions des mots. Qui ne sent l'effroyable embaras d'un pareil Système? Le moyen de se graver dans la tête cent-mille caracteres compliqués, dont l'impression sur la mémoire par les yeux n'est point aidée par celle du son! Le Système de la Langue Chinoise est encore pire à beaucoup d'égards; ne fût-ce que par cette raison, que ses cent-mille caracteres n'ont presque rien de commun, tant s'en faut qu'ils se réduisent, comme les nôtres, à moins d'une trentaine d'élémens simples. Aussi convient-on que la vie d'un homme n'y suffit pas. Bien habiles ceux qui en saisissent seulement la moitié ou le quart,

tandis

tandis que nos enfans aidés de la double impreſſion que les mots font ſur les oreilles & ſur les yeux, jointe à l'extrême ſimplicité des élémens, ſe mettent en poſſeſſion de fort bonne heure du fonds de leur Langue naturelle, & ſouvent de deux ou trois autres.

En un mot que l'on dépouille nos Langues d'Europe de la prononciation ; qu'on n'en préſente que ces traits muets qui ne ſavent parler qu'aux yeux ; qu'on diſſimule de plus l'avantage ineſtimable qu'ont ces traits d'être réductibles à un fort petit nombre d'élémens, ſi ſimples, ſi aiſés à retenir ; les voilà ces Langues ſur le même pied que la Chinoiſe, très libres aſſurément de ſe glorifier, comme elle, d'un Alphabet immenſe, qui ne poura s'apprendre en moins d'un ſiecle. Je ne ſuis point ſurpris que M. Fourmont, dont le mérite ne conſiſtoit gueres qu'en cette eſpece de ſavoir

voir qui entaſſe & accumule les inſtrumens des penſées des Hommes ſans penſer beaucoup, ait débité qu'un pareil Syſtème étoit celui d'une Langue philoſophique. Mais que notre grand Leibnitz ait été dans cette erreur, cela m'étonne au delà de ce que je puis dire.

Je m'arrête, Meſſieurs, à ce nom ſi digne de nos reſpects. Qu'à Dieu ne plaiſe que vous me ſoupçonniez, moi François, d'affecter de relever ici des mépriſes du Philoſophe de l'Allemagne. Toute ma Nation n'eſt point injuſte à ſon égard. Mon deſſein n'eſt point non plus de ſacrifier en aucune rencontre un grand Homme à un autre; déterminé, bien plûtôt, à ſacrifier tous les grands Hommes du monde à la Vérité, (mais à la ſeule Vérité,) quand le Sacrifice eſt néceſſaire.

DU
MOI PHYSIQUE ET DU *MOI* MORAL;
ou
*de l'Etre & de la Personne.**

Je demandois à un Homme, très connu dans la République des Lettres, des nouvelles d'un Fils qui lui étoit né, il y avoit quelques semaines, & dont la naissance lontems desirée lui avoit causé beaucoup de joye.

Je ne puis rien vous en dire, me répondit-il.

Comment? est-ce que sa santé vous donneroit déjà de l'inquiétude?

Oh non; ce n'est pas cela: mais c'est que franchement je n'en sais rien.

Il

---

* Lû à l'Académie, le 5 Février 1756.... On doit se souvenir, que je ne suis point l'ordre des dates dans la disposition des Pieces, mais que je les place, selon que le demande l'effet que je me propose. Depuis le 7 Juin 1753, date de la précédente, jusqu'au 5 Février 1756, j'ai fourni huit Pieces, qui se trouveront ailleurs.

Il est nourri chez vous, lui dis-je, & vous êtes si peu instruit !

Beaucoup moins que s'il l'étoit hors de chez moi. Je ne le vois, ni ne m'en informe.

C'est peut-être que vous êtes trop sensible. Les incommodités de cet âge, ces cris qui les manifestent, & l'impossibilité d'y remédier....

Non, me dit-il fort naïvement. C'est, je vous l'avoue, que *je ne prens aucun intérêt à ces petites Créatures, jusqu'à ce qu'un rayon de connoissance commence à poindre.*

On jugera combien je dus être étonné de ce discours; moi qui ne crois pas qu'on puisse prendre de trop haut l'intérêt qu'on porte à ses enfans, & les soins de leur éducation; fût-ce de l'instant de la naissance, du sein-même de la mere, ou au delà.

Mais enfin, ajoûtai-je, vous pensez que les enfans souffrent sans doute?

Comme les animaux, à qui je ne ferois point de mal, mais qui ne me causent aucune pitié. Où il n'y a point de réflexion, point de souvenir distinct, point de ce qu'on appelle le *Conscium sui*: il ne peut y avoir ni bonheur ni malheur; mais seulement des sensations instantanées. Ce *Conscium* est si essentiel, que si je devois le perdre demain, je ne prendrois plus (je dis dès aujourd'hui,) aucun intérêt à ce qui m'arriveroit alors. Ce ne seroit plus *moi*.

Je crois voir ici de l'équivoque, interrompis-je. Entendez-vous, que vous dussiez entrer dans un état où vous n'auriez point le *Conscium* de ce que vous seriez alors; ou bien seulement dans un état, où vous n'auriez point le *Conscium* de ce que vous êtes actuellement?

Le dernier, si vous voulez, me dit-il.

Quoi? repris-je. Si l'on vous présentoit deux breuvages, entre lesquels il

vous

vous fallût choisir: l'un, qui eût la propriété de vous tenir, comme Epiménide, cinquante ans dans un profond sommeil; l'autre, de vous faire perdre le souvenir de votre nom, de votre état, de votre vie, en y substituant le souvenir illusoire d'un autre nom, d'un autre état, & enfin d'une autre vie, ou très heureuse, ou très malheureuse, qui dût être suivie de cinquante années de joye ou de douleur,... le choix vous seroit indifférent?

Oui. Sans le *Conscium mei*, ces cinquante années de sommeil, de joye, ou de douleur, me sont absolument indifférentes. Ce n'est pas *moi*.

Et une éternité entiere, de même par conséquent, interrompis-je.

Cela va sans dire. S'il n'y a point de *Conscium mei*, ce n'est pas *moi*.

Mais pensez bien, repris-je, que dans le cas du second breuvage, nous vous supposons un *Conscium*, très clair, très net, & très distinct, de ce que vous seriez alors, de vos plaisirs ou de vos tourmens.

Ce n'est point *moi*.

Ce n'est point *vous*, bon Dieu! m'écriai-je: ce n'est point *vous*; & moi, je vous soûtiens que c'est bien *vous*. Ce n'est point *vous*, si vous voulez *moralement*; belle distinction! mais c'est *vous* très *physiquement*; & très *métaphysiquement*; & très *individuellement*. C'est *vous* autant qu'il se puisse. C'est le fonds de *votre Etre*. Le breuvage ne vous a point anéanti. Il vous a changé, non de *vous* en un autre qui ne soit pas *vous*; mais de *vous* modifié d'une certaine façon en *vous* modifié d'une autre façon qui est toûjours *vous*; comme c'est toûjours *vous*, que vous soyez triste ou gai, malade ou en santé, dans le ravissement de la joye ou dans l'accablement de la douleur. Faut-il être dupe d'une expression?

J'eus beau dire; je ne gagnai rien sur mon Philosophe, ni dans cette Conversation,

fation, ni en beaucoup d'autres. Mais ce qui m'a le plus furpris, c'est que j'ai trouvé nombre de perfonnes, d'un mérite peu inférieur, ou même égal au fien, qui, quoique dans des principes de Philofophie fort différens, m'ont tenu le même langage. En un mot ce n'est plus *eux*, fans le *Confcium fui*: & par le *Confcium fui*, ils n'entendent pas feulement un Sens intime, très diftinct & très réfléchi du nouvel état où ils pouroient être; mais ils veulent que cette connoiffance réfléchie foit accompagnée d'un fouvenir affez diftinct de ce qu'ils font aujourd'hui-même; de leur état, de leur vie préfente, & presque du nom qu'ils portent. Sans cela, ce n'est point *eux*; c'est quelqu'un de qui ils ne s'embaraffent point. Ils ne s'intéreffent qu'à l'Etre moral; leur Etre phyfique ou métaphyfique n'est rien pour eux. Que l'Individu, fimple ou compofé, (je parle felon leurs différens fyf-
tèmes;

têmes;) que l'Individu, simple ou composé, qui pense actuellement en eux, soit destiné à une éternité de bonheur ou de malheur; si dans les joyes de l'Elysée, ou dans les supplices du Tartare, le Sens intime de l'état d'alors n'est joint au Sens intime de l'Etre moral d'aujourd'hui; que leur importe? Cela ne les regarde ni ne les touche. Ce n'est point *eux*; nullement *eux*. Quelle part iront-ils prendre à la soif de Tantale, ou aux honneurs de Caton?

Je trouve ici un singulier exemple de l'inconcevable diversité des esprits, & même des bons esprits, au nombre desquels, (j'en demande pardon,) j'ai peine à ne me pas mettre un peu; surtout en cette rencontre, où la lumiere de la plus vive évidence me pénetre. Quand je témoigne à ces personnes mon prodigieux étonnement de leur maniere de penser, elles ne m'en témoignent pas un moindre sur la mienne: & je vois qu'avec une

une estime réciproque, nous ne laissons pas de nous tenir, chacun de notre côté, pour fort étranges; eux, je ne le dissimule pas, de ne prendre aucun intérêt à ce qui est le vrai fonds de leur Etre, & de s'identifier, pour ainsi dire, avec le souvenir de deux ou trois syllabes & d'une histoire fort contingente; moi, de m'embarasser fort peu du souvenir de mon nom & de mon histoire, mais beaucoup du fonds de mon Etre.

Cependant, ce qui seroit encore plus admirable, c'est ce qu'on m'assure, qu'entre les Métaphysiciens je suis seul, ou presque seul de mon avis; & l'on m'a même reproché vivement que je l'ignorasse.

Oh! distinguons.

Je n'ignore certainement point ce que pensent tous les Métaphysiciens, *que le souvenir des états précédens est essentiel à la Personnalité;* si essentiel, que supposé qu'un Homme eût conservé d'ailleurs

son

son bon sens, & la connoissance d'une infinité de choses, de l'histoire ancienne & moderne, par exemple, mais qu'il eût seulement perdu le souvenir de sa propre histoire, en sorte qu'il se crût un autre; ce seroit un autre en effet, ou du moins ce ne seroit plus la même Personne.

De dire que ce seroit *un autre* en effet; je doute que quelqu'un qui s'exprimeroit avec justesse, voulût l'articuler aussi durement. Il seroit *autre*, ou ce ne seroit plus *la même Personne*. Soit. Mais je ne vois là qu'un mot, ou un terme, qui m'a toûjours paru sans conséquence. Il s'agit de savoir jusqu'à quel point on conçoit la chose. Tous les jours on dit d'un Homme changé dans son caractere, ou dans ses mœurs, ou même dans son habitude corporelle, qu'il est *tout autre*; que *ce n'est plus la même Personne*. Ce n'est là qu'une phrase: qui est-ce qui s'avise d'en être la dupe? Que cet Hom-

Homme tombe dans le délire ou dans l'imbécillité, ce changement plus grand n'anéantit point le fonds de l'Etre. Le fonds demeure; & à plus forte raison, si le changement est moins considérable; si de toutes les connoissances d'un Homme, en Histoire, en Théologie, en Mathématiques &c, il ne se perdoit que celles qui le concernent; le souvenir de son nom, de ses qualités & de ses actions: genre de délire qui ne seroit peut-être pas plus surprenant que beaucoup d'autres. Ce ne seroit plus la même *Personne* : tant que vous voudrez ; mais ne suffit-il pas que ce soit le même *Etre*, le même *Individu* ? Ce ne sera plus le même Etre & le même Individu *moral*. Soit encore. Je ne dispute point des termes. Il vous a plu d'appeller *Individu moral* un Etre qui conserve le souvenir de soi-même. Il est d'expérience que ce souvenir se perd : il est donc d'expérience que la *Personnalité* se perd. Je ne m'y oppofe point; mais je foûtiens que l'identité du fonds de l'Etre, j'entens de l'Etre ou de l'Individu *phyfique*, fuffit de refte pour l'intérêt. Or il n'eft point vrai que les Métaphyficiens ayent généralement prononcé là deffus, puifqu'ils n'ont pas même envifagé la Queftion dans le point de précifion où je la propofe.

Avant donc que de me tenir pour condamné par la pluralité, ou par l'unanimité des fuffrages, (& il s'en faudroit beaucoup, j'ofe le dire, que je me tinffe condamné par la raifon;) je veux recueillir les voix des Philofophes fur ces articles.

Entendons - nous.

1°. Ce n'eft point d'une vaine dénomination dont il s'agit, mais de l'intérêt qu'on doit ou qu'on ne doit point prendre au fonds de l'Etre phyfique, dans le cas du changement de l'Etre moral.

2°. Je

2°. Je suppose un Homme qui auroit eu dans sa vie des avantures intéressantes. Il en a depuis perdu le souvenir, sans perdre d'ailleurs son bon sens. On lui lit sa propre histoire dont il est touché sans savoir que c'est son histoire. On le lui certifie, aussi bien que l'étrange révolution qui s'est faite dans sa Personne ou dans son Etre. Il n'en sauroit douter sur le témoignage unanime de toute une ville. Si de ce moment son histoire l'attendrit encore plus qu'elle ne fesoit, sera-ce préjugé ? ou bien un effet légitime de la nature ?

3°. Voilà deux coupes : il faut choisir. Toutes deux me feront perdre pour toûjours le souvenir de ma vie passée. Mais l'une ne me causera qu'un heureux délire. Avec beaucoup plus d'esprit & de raison, j'aurai un tempérament mieux disposé pour la vertu. L'autre me livrera en proye aux passions les plus fougueuses. J'en serai tour-

tourmenté pendant le cours d'une très longue vie; ou si ce n'est *moi*, (afin de ne rien supposer ici de controversé;) du moins le nouvel Etre moral provenu du fonds de mon Etre physique. Eh bien! n'y a-t-il rien là qui m'intéresse?

4º. Seroit-ce une distinction fort raisonnable, ou bien une misérable échappatoire, de prétendre que ce qui fait que le choix ne seroit pas indifférent, c'est qu'il y auroit plus de charité sans doute, à mettre dans le monde un Etre sage & vertueux, qu'un malheureux déchiré par ses passions & par ses vices; mais qu'au fond, relativement à *moi*, à *ma Personne*, cela ne devroit pas plus m'intéresser que les destinées de Socrate ou d'Alcibiade?

5º. L'excellente ame, que celle qui sincérement, aujourd'hui, se réjouiroit des vertus de Socrate, & s'affligeroit des vices de son Disciple! Ce seroit bonté, charité pure. Mais moi qui soûtiens que

dans

dans le cas dont nous parlons, ce ne seroit point charité, mais amour-propre, & amour-propre bien entendu; suis-je aussi absurde qu'on le veut croire?

6°. Un pere porte un vif intérêt aux destinées d'un fils, quoique ce soit une autre *Personne*. Pourquoi ne porterai-je pas, pour le moins, le même intérêt aux destinées de cette autre *Personne*, provenue du fonds de mon Etre physique? Est-ce que cette personne-là ne me touche pas de bien plus près?

7°. Où seroit donc la sottise de frémir, comme je ne m'en cache pas, de la nécessité de boire la coupe funeste? Et où seroit la folie de boire gaiement & librement la coupe de l'heureux délire, si quelque Circé me la présentoit?

8°. Si Dieu me proposoit de créer en ma place un Etre infiniment plus parfait que moi, à condition qu'il anéantît jusqu'à mon Etre physique, je n'hésiterois pas, quoiqu'il y eût quelque générosité de de renoncer à ma propre béatitude pour le bonheur d'un autre & l'amélioration de l'univers. Mais si c'étoit *moi, moi-même*, qu'il dût métamorphoser en cet Etre parfait, à la seule condition du sacrifice des trois syllabes de mon nom & de l'oubli de ma chétive histoire; ne serois-je pas le plus insensé de tous les hommes, si j'hésitois?

9°. Ainsi donc ne confond-on point deux choses, dans la maniere dont on envisage ordinairement cette Question? Le nouvel Etre moral, dit-on, la seconde Personne n'a aucune connoissance de la premiere, & par conséquent n'y prend nul intérêt. Sans doute: mais si l'on suppose que la premiere ait connoissance de la seconde & que sa destinée soit à son choix, cela ne change-t-il pas la these?

10°. Mais que dirons-nous des spectateurs? Notre Ami, notre Frere, est depuis dix ans dans un délire dont il ne reviendra

viendra jamais. C'est une autre Personne, un nouvel Etre moral qui n'a pas le moindre souvenir de son premier état. En rigueur devons-nous tenir notre Frere, notre Ami pour mort il y a dix ans, & ne prendre pas plus d'intérêt à cet Homme-ci qu'à un Homme tombé des nues ?

11°. Et si un Homme n'est dans cet état que par une suite de ses emportemens ou de ses débauches, seroit-il absurde de dire, en tout ce qui lui arriveroit alors de fâcheux, qu'il porte la peine de ses crimes, & que le bras de Dieu se déploye sur lui avec justice, de même que sur Nabuchodonosor, changé en bête, ou plûtôt se croyant bête, & n'ayant par conséquent aucun souvenir qu'il fût ce superbe Roi de Babylone ?

12°. Enfin ce Prince, ce même Nabuchodonosor, averti par Daniel & par une voix céleste, n'eût-il pas déjà perdu d'avance, en bonne partie, la raison qu'il

qu'il alloit perdre, s'il eût répondu?
„ Je suis vraiment bien fâché de cesser
„ d'être Nabuchodonosor; cela est triste:
„ mais pour le reste, bon! je m'en mo-
„ que; *ce ne sera pas moi.* „

Je me borne à ces questions, sur lesquelles je supplie les personnes qui pensent, de réfléchir sérieusement. Elles sont d'une plus grande importance qu'on ne s'imagine. Le Vulgaire va toûjours demandant, *à quoi cela sert-il?* Car le Vulgaire, tout Vulgaire qu'il est, sait qu'il faut que les choses servent. Mais d'imaginer comment elles peuvent servir, comment les choses les plus indifférentes cessent de l'être, comment les plus éloignées se rapprochent, comment rien n'est à négliger dans la sphere de nos pensées; ce n'est pas là l'affaire du Vulgaire. Je certifie à ceux dont c'est l'affaire, que la maniere dont on se décide sur ces questions, est d'une conséquence infinie en certains points fort essen-

essentiels. Je sache peu de Principes qui ayent plus influé sur ma Philosophie, que cet instinct naturel, qui m'a porté de bonne heure à considérer autant l'intérêt de mon Etre physique que celui de mon Etre moral. On le reconnoîtra par la suite de mes Ouvrages.

Pour faire comprendre dès à présent que cet instinct ne m'a point trop mal servi, & que la réflexion le justifie parfaitement, voici quelques remarques qui y sont propres.

On veut que nous ne devions prendre intérêt, qu'à l'Etre moral dont nous avons & la connoissance & le souvenir. *Nous*; c'est le Sens intime de notre état, de notre vie passée & présente, de nos opinions, de nos goûts, de notre caractere, & presque du nom que nous portons. Un autre nom; un autre caractere; un autre état; d'autres goûts & d'autres opinions; une vie & une histoire toutes différentes; ce n'étoit plus *nous*. Et par conséquent aussi dans l'ignorance ou dans l'oubli de toutes ces circonstances particulieres, ce n'est plus *nous*. Ainsi donc si nous eussions été changés dans notre enfance & portés sous un autre nom en d'autres pays, n'ayant assûrément aucune idée de notre Personnalité, à nous connue aujourd'hui, laquelle n'auroit point eu lieu, ce ne seroit point *nous*; & nous serions, je dis *nous* d'aujourd'hui, les plus grands fous du monde, de nous inquiéter de ce qui auroit pû arriver en conséquence.

J'ai vû, dans une maison où je demeurois à Paris, un enfant qui a pensé être dans le cas. Il fut enlevé par la Servante du logis, à l'âge d'un an ou deux. (S'il vit, il peut en avoir seize ou dix-sept à l'heure qu'il est.) Sans autre dessein que de courir le pays pour mendier, cette malheureuse crut qu'un enfant entre les bras lui seroit utile. Le hazard

hazard la fit retrouver à Londres où on ne la cherchoit point, à la porte de l'Ambassadeur de France, au bout de quelques mois. Cette avanture me rappella pour lors, & me rappelle encore, je l'avoue, non sans quelque peine, ce qu'on m'a dit m'être arrivé à moi-même aux environs de deux ans. Une Servante s'étant allée promener avec moi dans un quartier fort éloigné, craignant de n'être point assez tôt de retour avec sa charge, me remet entre les mains d'un homme qu'elle rencontre, sans autre explication que de la suivre. En chemin un embaras les sépare. Voilà cet homme qui ne sait que faire d'un enfant qu'il ne connoît point. Heureusement il ne manquoit ni de bonne volonté ni de probité. Aidé du peu de lumieres qu'il tira de moi il parvint à découvrir le logis de mon Pere. Mais si c'eût été un misérable, qui eût cru, comme la premiere Servante dont je viens de parler, me pouvoir faire servir à ses desseins ; que pouvois-je devenir ? Ne me trouvera-t-on pas bien simple ? L'idée me cause de l'émotion. Ce n'est pas que ma Personnalité actuelle me soit fort chere, ainsi qu'on a pû voir. Il me semble pourtant qu'il m'étoit plus facile de la changer en une pire qu'en une meilleure. Philosophe, sans cupidités & sans passions inquiettes, il ne tient qu'à moi de passer ma vie dans l'innocence. Etoit-il impossible que je devinsse un Scélérat, ou un Brigand ? Que m'importe ? Ce ne seroit pas *moi*, n'est-il pas vrai ? Tous les caracteres essentiels de la Personnalité seroient différens. Celle du jeune Prémontval se seroit éteinte en fort peu de mois. Un Sisiphe moderne eût pris sa place. Pas la moindre connoissance des particularités de la vie du pauvre Philosophe. M. de Prémontval, qui n'eût point existé, n'y eût pris nul intérêt. Le Brigand qui l'eût ignoré, n'y en eût pas pris

pris davantage. Un breuvage & tout le fleuve Léthé, qui effaceroient de mon ame le souvenir de mes actions, ne la rendroient pas plus table rase à cet égard, qu'elle l'eût été dans le Brigand. Malgré cela pourtant oseroit-on dire que ce ne seroit pas la même Ame qui pense en moi, & qui frémit en ce moment; & qu'il y a de l'imbécillité à frémir? Il est donc clair que le grand mot de *Personnalité* n'est qu'un mot, un terme de l'Ecole, d'aucune conséquence pour le fonds des choses. Il est clair que c'est le fonds de l'Etre, qui est le véritable objet de l'intérêt, & nullement une Personnalité si contingente.

Car que l'on ne s'imagine pas même ceci, qu'au moins en différentes Personnalités du même Etre, le fonds de cet Etre soit plus différent, qu'en divers périodes d'une même Personnalité. L'on se tromperoit fort. Je soûtiens, que le fonds du même Etre peut se trouver plus différemment modifié, en divers tems d'une même Personnalité, qu'en des Personnalités différentes. Rien de plus facile à concevoir.

Un Homme avoit été jusqu'à trente ans du plus aimable caractere du monde; doux, affable, généreux; incapable de bassesse & d'injustice; n'ayant de passion que l'étude, par où il s'étoit rendu profond dans la plûpart des sciences; menant d'ailleurs une vie, très simple & très unie, sans aucun événement considérable. A l'âge de trente ans tout cela change. De malheureuses sociétés l'engagent dans la débauche. Des maladies cruelles ruinent sa santé sans ressource. Au dégoût de l'étude succede, après quelques années, l'oubli presque général de ce qu'il a sû; effet très naturel de la crapule. Sa fortune, aussi délabrée que sa santé, le jette dans des trafics honteux. C'est un infame, un scélérat. Il ne lui reste pas même un extérieur supportable.

ble. Chacun l'évite. De cuisans chagrins portent vingt fois le jour les inégalités de son humeur jusqu'aux emportemens les plus furieux. Mais c'est toûjours la même Personnalité. La continuité du *Conscium* demeure, autant qu'il est nécessaire.

Il y a une chose que cet Homme ignore, aussi bien que nous, & qui se trouve, je suppose, dans les articles anecdotes du Livre de ses *Destinées*, avec un renvoi au Livre des *Futurs conditionnels*, pages &c. C'est qu'à l'âge d'environ deux mois, il avoit pensé être changé par mégarde avec un enfant du voisinage, de même âge & de même condition que lui, & voici ce qui seroit arrivé en conséquence. Il auroit eu à-peu-près la même éducation que celle qu'il a eue effectivement. Il y eût pris le même goût pour les sciences, & y eût fait les mêmes progrès. Ce caractere aimable & vertueux, suite de ses dispositions naturelles, se fût également développé. Il eût mené cette vie simple & unie, dénuée d'événemens considérables, & seroit mort comme il auroit vécu.

Nous avons donc le même fonds d'Etre sans contredit, modifié pendant trente ans presque de la même maniere, quoique sous deux Personnalités réellement distinctes. Les petits événemens de ces deux vies sont assez différens, pour que le Sens intime constitue différentes Personnes; mais les traces qu'ils laissent dans la mémoire sont trop légeres, pour qu'elles soyent dites affecter plus le fonds de l'Etre, que tant de connoissances profondes & si variées, & que les dispositions physiques & morales que nous supposons les mêmes. Du moins ne peut-on nier que ces deux vies ne different infiniment moins entr'elles, que n'en different ces dernieres années, où le tempérament & le caractere de cet Homme ont souffert de si étranges révolutions,

lutions, sans qu'il ait cessé d'être une même Personne.

Que l'on porte donc un vif intérêt à la Personnalité, actuelle & connue, rien de plus légitime, puisqu'elle appartient au fonds de l'Etre; mais que l'on s'y borne, comme si c'étoit-là tout l'Etre, & l'essentiel de *nous-mêmes*, je ne puis dissimuler combien cela me paroît déraisonnable. C'est quelque chose de trop accidentel, & la contingence-même. Eh bon Dieu! il n'y a peut-être pas eu un jour de notre enfance, où nous n'ayons été à deux doigts d'en prendre une toute différente. Sans qu'il soit nécessaire de supposer pour cela des enlévemens & des changemens au berceau, combien de conjonctures pouvoient nous donner une toute autre suite d'événemens que celle dont nous avons *conscience*? Ici beaucoup plus de bonheur. Là beaucoup plus de malheur. De plus grands vices ou de plus grandes vertus. Au nom près, pas le moindre Sens intime de ce qui s'appelle *nous* à l'heure qu'il est; pas plus que de ces suites qui sont restées dans le simple ordre des possibles. Consultons-nous bien, & demandons-nous sérieusement, *si nous n'avons à tout cela d'autre intérêt, que d'avoir pensé être ou n'être pas, & non d'avoir pensé être, ou beaucoup plus mal que nous ne sommes, ou beaucoup mieux?* Demandons-nous s'il n'y a rien là qui pût être à l'égard du fonds de *nous-mêmes*, l'objet de la Bonté, de la Justice, & en général de la Sagesse du suprême Ordonnateur. Si nous avons le courage de nous répondre, qu'autant valoit-il pour nous, rentrer dans le néant, que prendre une Personnalité différente de la nôtre, quand cette Personnalité assureroit au fonds de notre Etre une éternelle béatitude; ah! nous n'aurons qu'à dire pareillement, qu'autant vaudroit-il être anéanti à l'heure-même, que de passer dans l'état

des

des Bienheureux, sans le souvenir de notre état présent & des avantures de notre misérable vie!

Quelle pitoyable idée nous nous formons des Joyes célestes, si nous croyons qu'elles ont besoin d'une aussi chétive réminiscence! Passe pour le Paradis de Mahomet; mais celui des Chrétiens éclairés est-il dans le cas? La belle Anaïs,* lassée des embrassemens des Hommes divins destinés à ses plaisirs, peut sortir peu-à-peu de son ivresse, reprendre sa liberté d'esprit, & se laisser aller à de douces réflexions, sur ses ennuis dans le Sérail d'Ibrahim son brutal époux; *moins Ibrahim en dix ans qu'un de ses Hommes divins en un seul jour.* Mais nous, absorbés dans les torrens d'une volupté pure, telle que la doit causer la vûe de la Vérité dans sa source; en bonne foi! pouvons-nous nous imaginer, ou que de tels retours nous soyent nécessaires, ou qu'ils nous

* Lettres Persanes.

soyent

soyent même possibles. „ Si je ne me rap-
„ pelle distinctement, au moins de fois
„ à autre, me dit-on sans cesse, que
„ c'est *moi*, *moi* d'aujourd'hui; que
„ m'importe? ce n'est pas *moi*. „ Ainsi
donc dans le sein de la Divinité, à des
millions de siecles d'ici, voilà l'idée que
vous prétendez qui vous occupe, ou
pour le moins qui vous partage! Est-ce
que dans les ravissemens de la médita-
tion ou de la lecture, ou dans quelque
autre que ce soit, nous éprouvons, que
revenus à nous, un coup d'œil sur les
miseres de notre enfance, par exemple,
rende ces momens plus délicieux? Ce
que notre enfance est à notre plus
longue vie, notre plus longue vie ne
l'est pas à un des jours de celle qui
nous attend. Combien de jours, dans
notre vie, qui n'ont pas laissé en
nous la moindre trace? Et de ceux
dont nous avons quelque souvenir, en
est-il qu'il nous soit essentiel de nous
rap-

rappeller pour goûter une joie solide ? C'est *moi*, c'est un *tel*, qui jeune enfant riois ou pleurois pour une poupée ; c'est ce même *moi* qui perçant les voiles du préjugé m'éleve au deſſus du Vulgaire. C'est moi, qui pauvre mortel barbouillois du papier, & me réjouiſſois ou m'attriſtois de pas grand-choſe ; c'est *moi*, ce même *moi*, oui *moi*, *moi-même*, (il faut ſe tâter de peur de s'y méprendre,) c'est donc bien *moi*, un *tel*, qui me trouve au rang des Chérubins, & vois l'Eternel face à face. L'épuiſement, ou le dégoût de nos foibles plaiſirs ſur la terre, peut quelquefois laiſſer lieu à de telles comparaiſons. Mais ſi notre Perſonnalité préſente ne s'anéantit dans la jouiſſance de ceux du ciel ; s'il nous en reſte autre choſe qu'une conviction générale, d'être & d'avoir été les Objets d'une Bonté infinie, qui nous a tirés par un bras fort d'un abyme de miſeres ; s'il nous faut encore articuler

ler de petits faits, après des millions de millions de siecles; je tiens peu de compte de toute cette béatitude. Je suis convaincu,

Que dans le sein de Dieu, loin de ce corps mortel,

le *moi* d'alors aura bien autre chose à penser qu'au *moi* d'aujourd'hui, & à tous ces Riens importans qui l'occupent & le remuent.

La Conversation qui a occasionné cette Piece, mene naturellement à l'examen d'une autre Question; *Si la réflexion & le souvenir distinct sont essentiels au Bonheur & au Malheur*; ou *si la seule* FACULTÉ DE SENTIR *est suffisante?* Il y a encore beaucoup de mal-entendu dans cette Question, & bien des préjugés à détruire. Permettez-moi, Messieurs, de joindre ici une Piece fort courte sur ce Sujet.

DE L'ETAT
DE SIMPLE SENSATION:
S'il peut être susceptible de Bonheur & de Malheur. *

Commençons par nous entendre; c'est la grace que je demande avant toute chose.

Qu'est-ce, qu'une simple Sensation?

Un Etre éprouve un sentiment de plaisir ou de douleur, plus ou moins vif, mais sans aucune sorte de réflexion. Pas la moindre réminiscence, relative à ce qu'il l'ait ou à ce qu'il ne l'ait point encore

* Lû à l'Académie, le 5 Février 1756.... J'avertis que le Sujet de cette Piece & celui de la précédente recevront une nouvelle lumiere, quand ces Questions seront éclaircies: *Quelle est la vraye nature de l'Individu? En quoi consiste l'Identité d'un Etre? Le même Etre peut-il réexister, ou exister plusieurs fois?* Questions frivoles, pour qui ne voit pas les liaisons des choses; & froides.... des glaces de ceux qui les manient.

encore éprouvé. Pas le plus léger soupçon, qu'il puisse ou qu'il ne puisse pas l'éprouver de nouveau. Aucun rapport en un mot à ce qui précede ou à ce qui suit. Voilà ce que j'appelle ici *une simple Sensation*.

Le même Etre, également dénué de souvenir & de réflexion, éprouve le même sentiment, (ou un autre, peu importe,) dans un second instant, dans un troisieme, dans un quatrieme, pendant mille, dix-mille &c. Cet état, de durée plus ou moins longue, mais sans perception de la durée, est *l'Etat de simple Sensation*.

Bien des Philosophes croyent que c'est en grande partie le cas des enfans, des imbécilles, & de tous les animaux. Ce n'est point ce qu'il s'agit d'examiner. Nous supposons au moins le cas possible. Si quelqu'un le nioit, & s'avisoit de prétendre qu'il n'y a point d'Etat de simple Sensation; point de faculté de sentir

sentir, sans quelque perception réfléchie, soit de la nouveauté, soit de la durée de la Sensation ; il sortiroit de notre these, & en pouroit sortir de deux manieres.

Dans ce même principe, combiné avec l'opinion de la Sensibilité, ou de l'Insensibilité des animaux, par exemple, l'un pouroit dire : *Les animaux sentent : donc ils sont susceptibles de la perception de la durée ; donc ils ont le souvenir distinct, & peut-être la prévoyance.* L'autre au contraire : *Les animaux ne sont susceptibles, ni de prévoyance, ni de souvenir : donc ils n'ont aucune perception de la durée ; donc ils ne sentent point.*

Le dernier dépouille des millions de millions de créatures de tout intérêt, & les rend de pures machines, absolument indifférentes à l'action de la Bonté suprême. Très étrange Solution d'une étrange Difficulté ! Solution qui n'a pû faire fortune, & qu'à mon avis nous n'avons

Tome II. point

point à regretter. Car la Difficulté elle-même, envisagée dans toute sa force & sans de lâches palliatifs, devient une source de lumieres, d'où naissent des Solutions plus heureuses & d'une application plus générale.

Le premier ramene la Difficulté en plein, en ramenant l'intérêt dû à tout Etre sensible; & la Difficulté ramenée ramene ces Solutions fécondes que je proposerai quelque jour. Ainsi je ne contesterois point là-dessus.

Y a-t-il donc, ou n'y a-t-il pas un Etat de simple Sensation? Je me range du côté de la multitude. Je le suppose, cet Etat, avec ceux qui l'admettent en tout ou en partie; & je raisonne en conséquence. Mon dessein est d'arracher à quelques Philosophes le cruel usage qu'ils en font. Il leur plaît, de dépouiller ni plus ni moins, que ne font, ou peu s'en faut, les Partisans du Système des Automates; il leur plaît, dis-je, je, de dépouiller des infinités de créatures, senfibles de leur aveu, & jusqu'à leurs propres enfans, de tout intérêt actuel. Leur motif est que les enfans n'ont point encore de réflexion, & que les animaux parfaits n'en sont pas même susceptibles. Donc, que la Bonté divine les fasse passer par des suites de Sensations, agréables ou désagréables, douces ou fâcheuses; c'est quelque chose, selon ces Messieurs, d'indifférent.

Un Etre purement sensible peut sentir, & bien sentir, un plaisir vif; il peut aussi sentir, & bien sentir, une douleur cuisante. Chose indifférente en soi, même à la Bonté souveraine, à ce qu'ils prétendent, d'exciter ou l'un ou l'autre de ces sentimens, puisqu'il n'y a point de réflexion.

Chose aussi très indifférente *en soi*, (c'est-à-dire hors de la connexion avec le reste, hors de la connexion avec l'Univers, avec tel plan, telle vue &c,)

chose

chose encore un coup très indifférente, de faire durer l'un ou l'autre de ces sentimens des milliers d'années, pourvû que ce soit sans réflexion.

Voici, si je ne me trompe, ce qui abuse ces Philosophes. La réflexion augmente sans doute, & quelquefois prodigieusement, l'intensité d'un mal. Cela est reconnu. Mais fesant tant que d'admettre des Sensations de douleur plus ou moins vives sans réflexion, ne peut-on pas supposer tel degré d'intensité de douleur non résulté de la réflexion aussi grand, ou plus grand même, que tel autre degré d'intensité qui resulte de la réflexion ? C'est à quoi je crains fort que ces Messieurs n'ayent pas pensé.

On me fait une opération. Je sais par expérience qu'elle est douloureuse: premier surcroît de tourment. Je prévois de plus qu'il y faudra revenir; je n'en suis pas quitte: nouveau surcroît. D'ailleurs

leurs j'en appréhende les suites pour moi, pour mes affaires, pour ma famille: autres surcroîts considérables. L'intensité du mal en soi étoit *dix*; ces réflexions la montent à *cent*. Mais n'y auroit-il pas telle intensité de douleur, qui de soi-même & sans réflexion seroit *cent*, & *mille*, & *dix-mille* &c? Si l'intensité du mal est *dix-mille*, qu'importe qu'elle soit telle en soi, ou qu'il y en ait les neuf dixiemes sur le compte de la réflexion? C'est pourtant toûjours *dix-mille* de façon ou d'autre. Et si l'intensité du mal est *dix-mille* dans un Etre privé de réflexion, & qu'elle soit *mille* dans un autre Etre qui est doué de réflexion, somme totale de ce qu'il y a de primitif & de ce que la réflexion y ajoûte, la condition du premier ne sera-t-elle pas dix fois plus misérable que la condition du second? Que sera-ce encore si l'on suppose que l'Etre à réflexion est maître de diminuer sa peine, par l'usage qu'il fait, ou peut faire, de sa réflexion? L'Etre purement sensible, obligé de souffrir ses douleurs, telles précisément qu'on veut qu'il les reçoive des mains de la Bonté suprême, ne sera-t-il pas sans comparaison plus malheureux?

Il s'en faut bien que les Philosophes que je combats, ayent pris la chose sous un point de vue si juste. Des deux sortes d'influences que la réflexion peut avoir sur l'intensité d'une Sensation, l'une dont l'effet est de l'augmenter, l'autre de la diminuer, ils semblent n'avoir considéré que la premiere, parcequ'elle est la premiere, & peut-être la plus frappante. S'ils avoient également pensé que la réflexion diminue l'intensité du plaisir & de la douleur, tout de même qu'elle l'augmente, ils n'auroient pas, à ce que je crois, conclu si vîte. Ils ne prononceroient pas cet Arrêt, aussi dur que mal fondé; ,, Qu'il n'y a que les Etres
sus-

„ fufceptibles de réflexion, dont les
„ plaifirs & les douleurs méritent qu'on
„ s'y intéreffe. „

Un moment, je fupplie ! car je foupçonne ici une fubtilité dont je ne veux point être la dupe. Ces Philofophes admettent des perceptions qu'ils appellent *obfcures*; des perceptions que l'Etre qui les éprouve reçoit fans s'en appercevoir. Il y a auffi felon eux des fenfations qu'on fent fans les trop fentir ; & j'en conviens, pourvû qu'on les nomme *des Senfations qui ne fe fentent point*, & qu'on fe garde d'y comprendre le plaifir & la douleur. Un plaifir ou une douleur, qui ne feroient point ou prefque point fentis, ne feroient ni plaifir ni douleur. Je crois, Dieu me pardonne, que voici comme ces Meffieurs l'entendent. Dans l'Etat de fimple Senfation, les plaifirs font des plaifirs qu'on goûte fans les goûter; les douleurs de même, on les fouffre fans les fouffrir. C'eft-à-dire en bon François *qu'on n'y souffre & n'y sent rien*, à-peu-près comme dans le Système des Automates.

Je réduisis là fort aisément l'un d'entr'eux il y a quelque tems. Pour répondre au raisonnement que j'ai fait ci-dessus, *L'intensité du mal en soi étant dix, mes réflexions la montent à cent;* ,, Non, ,, me dit-il, le moindre degré de ré- ,, flexion met l'intensité hors de toute ,, comparaison. Elle n'est plus évalua- ,, ble; elle étoit dix, elle est infinie. ,, L'échappatoire est merveilleuse. Un Imbécile & un Homme raisonnable se brûlent. Tous deux donnent une vive démonstration de douleur, & l'Imbécile crie aussi haut pour le moins que l'Homme raisonnable. Cependant si la douleur de l'Imbécile est dix, celle de l'Homme raisonnable est infinie; ou si c'est la derniere qui est dix, l'autre n'est qu'infiniment petite. La conséquence est très facile. Nous autres gens à réflexions,

nous

nous favons ce que c'eſt que la brûlure. Un doigt dans l'eau bouillante, cela fait mal ; mais l'infinitieme partie n'en eſt pourtant pas grand-choſe. Si les plus vives douleurs des créatures purement ſenſibles, ne les affectent pas *plus ſenſiblement*, on ſe moque de nous; autant vaut-il dire, que ces créatures prétendues ſenſibles ne ſentent rien.

Eh bien! n'avois-je pas raiſon de demander en grace d'abord qu'on s'entendît? Nous avons cru nous entendre, & nous en ſommes fort éloignés. Je poſe que l'Etat de ſimple Senſation eſt un état où l'on ſent quelque choſe, & il ſe trouve qu'on n'y ſent rien. J'articule qu'un Etre purement ſenſible peut ſentir, & bien ſentir, un plaiſir vif; qu'il peut ſentir, & bien ſentir, une douleur cuiſante. Je parle d'intenſité de douleur qui peut être évaluée *dix-mille* ſans réflexion, comme une autre monter là par l'effet de la réflexion. On me laiſſe paſſer tout cela, tant qu'on n'en voit pas la suite. Et puis quand on la voit.... on se sauve à l'aide de Senfations que l'on fent fans les fentir.

Nous voilà bien. Revenons pourtant; & fi nous voulons raifonner en philofophes, ne reprenons pas comme des enfans ce que nous venons d'accorder à l'inftant-même. Suppofons, & tout de bon, des Senfations qui fe fentent. L'effort n'eft pas grand; mais je déclare que ce n'eft qu'à ce prix, que je parle, ou que j'écoute.

Ainfi donc, cet animal qui gémit fous le coûteau; ce nouveau-né, qui donne tous les fymptômes d'une tranchée cruelle, il fouffre effectivement. Ce n'eft point un Automate Cartéfien, une Marionette qui joue la douleur fans la fentir. Ces convulfions, cette fueur, ces cris aigus, font l'expreffion d'un tourment réel, dont l'intenfité fe peut évaluer en nombre, par *mille* ou par *dix-mille*

mille &c. Ce Philosophe, ce Stoïcien souffre aussi une douleur. Ses réflexions en doivent diminuer l'intensité beaucoup plûtôt sans doute que l'augmenter. Mais enfin qu'elles l'augmentent ou la diminuent ; toûjours l'intensité qui en résulte est-elle exprimable par nombre, ou par *mille*, ou par *dix-mille* &c. Allons. Déduction faite de la dureté du combat & de la satisfaction de la victoire, que l'intensité soit *mille* ici ; & *dix-mille* dans l'enfant. Je suppose que c'est une piqûre au doigt qui exerce la philosophie du Stoïcien, tandis que d'horribles déchiremens d'entrailles vont unir la mort de l'enfant à sa naissance. En un mot, de quoi que résulte une douleur, elle n'est que ce qu'est son intensité : mille, si c'est mille ; dix-mille, si c'est dix-mille. Une heure dont tous les instans sont affectés d'une douleur qui a mille d'intensité, est donc aussi cruelle qu'une autre heure dont tous les instans sont affectés d'une
douleur

douleur qui a pareillement mille d'intensité, & dix fois moins que celle dont tous les instans auroient dix-mille; que ce soit un Stoïcien qui souffre, ou un enfant qui vient de naître. Or tâchons de n'avoir de compassion que pour le philosophe, & point du tout pour le nouveau-né. Pensons, à la pointe de notre esprit, que pour l'enfant qui n'auroit qu'une année à vivre, il seroit ce qui s'appelle indifférent, de la passer dans ces tortures qui l'agitent d'affreuses convulsions, ou dans ces voluptés de son âge qui le font soûrire d'une maniere aimable. Endurcissons nos cœurs pour n'y prendre nul intérêt. Attribuons à la Bonté suprème de n'y en prendre pas plus que nous. Regardons comme sans conséquence l'emploi, le traitement, l'usage, des Etres purement sensibles. Offusquons, par de pareils principes, des Vérités très importantes; & pallions des Difficultés qu'il seroit plus

avan-

avantageux de réfoudre; mais prenons garde à la pratique.

Soit, me diront-ils. Il vaut un peu mieux en effet, pour l'Etre purement fenfible, animaux, enfans, &c, paffer le tems de leur durée dans le plaifir que dans la fouffrance; dans des voluptés dont ils paroiffent fi avides, plûtôt que dans des tourmens, pour lefquels les Etres, qui ont le moins de réflexion, ne témoignent pas une moindre horreur que ceux qui en ont le plus. Nous recommenderons à la Bonté fouveraine d'y avoir l'œil: ou nous y pourvoirons, en levant la Difficulté de notre mieux dans nos Syftèmes ; & les lieux-communs ne nous manqueront pas. Vous ne devez pas au refte en conclurre, que ces Etres font fufceptibles de Bonheur ou de Malheur. Il n'y a d'heureux ou de malheureux que des Etres capables de réflexion.

Je ne vois pas pour moi, que la réflexion

flexion y soit le moins du monde nécessaire. Elle y peut servir sans doute, en occasionnant des Sensations agréables ou désagréables, ou en modifiant celles qui viennent d'ailleurs ; mais elle n'y est point nécessaire, si l'on m'accorde de véritables Sensations, sans elle, agréables ou désagréables.

Qu'est-ce que le Bonheur?

Un état durable de Sensations gracieuses.

Et le Malheur?

Un état durable de Sensations pénibles & fâcheuses.

Y a-t-il quelque chose à redire à ces définitions? ou m'écarté-je de l'usage reçu? qu'on me le montre. De deux Etres, que l'un n'ait eu dans toute sa durée que des Sensations vives de plaisir, nullement réfléchies si vous voulez, mais enfin très vives & très agréables; qu'un autre dans la même durée n'ait eu que des Sensations de douleur, très pénibles

&

& très fâcheuses, mais aussi peu réfléchies que celles du premier. Il n'y a personne qui ne prononce que l'un est très heureux, & l'autre très malheureux; à moins qu'on n'ait une langue particuliere, à soi. Oh! mais la réflexion manque à l'un & à l'autre pour sentir ou son bonheur ou son malheur! Vous en revenez donc encore à dire qu'ils ne sentent point; au lieu que vous devez dire seulement qu'ils ne sentent point la sorte de bonheur ou de malheur que produit la réflexion. Mais s'il est possible que la réflexion ne donne à un troisieme Etre que la même intensité & la même somme totale de plaisir dans une même durée, & à un quatrieme la même intensité & la même somme totale de douleur, aussi dans la même durée; qu'importe encore un coup? Y aura-t-il dans la durée de ce couple-ci plus de bonheur & de malheur, que dans la durée du premier couple, dénué de réflexion?

flexion? Y aura-t-il un indivisible de Sensation de plus d'un côté que de l'autre? Or le degré de Sensation fait tout. La réflexion elle-même n'entre en ligne de compte, que parcequ'elle est une Sensation, ou du moins qu'elle est sentie.

Mais ne disputons point des termes. Qu'on s'exprime comme l'on voudra. L'essentiel est de convenir que les Etres purement sensibles ne sont point des objets indifférens à la Bonté suprême. Bien loin de là. En tant que dépourvus de raison & de liberté, ils sont plus immédiatement sous sa tutelle. Elle demeure responsable de tout ce qu'ils souffrent de maux qu'ils pouroient ne pas souffrir, & de tout ce qu'ils ne goûtent point de biens qu'il seroit possible qu'ils goûtassent. Incapables de démérite, par le manque même de liberté, ils sont capables de mérite par leur seule qualité

lité d'Etres sensibles; titre qui suffit, & suffit de reste, auprès d'une vraye Bienveillance pour avoir droit à ses bienfaits. Oui, tout ce qui est sensible, & surtout qui n'est que sensible, a un droit incontestable aux faveurs de la Bonté; s'il existe une Bonté qui n'ait effectivement *qu'à vouloir*, pour procurer le bien qu'elle voudra. Faire acheter ses faveurs, ou les empoisonner par le moindre mélange de mal, est un procédé qui non seulement la dégrade, mais la détruit. Ce ne seroit plus la Bonté souveraine; ce ne seroit pas même la Bonté. Comment concilier des idées si saines avec le spectacle de l'Univers ? La plus grande quantité des Etres sensibles qui nous sont connus ne sont gueres que sensibles. Nous-mêmes nous avons passé par cet état. Et c'est dans cet état que tout souffre; & que nous avons commencé à souffrir; & que nous

nous avons pris le pli, le pli durable de la souffrance, qui ne paroît pas prêt à s'effacer! Qui pis est, c'est dans cet état que nous trouvons le germe de tous nos vices; ces inclinations, ces penchans qui nous décident ensuite, & nous plongent dans un abyme de miseres.

Je ne m'étens pas davantage sur la Difficulté. Je me contente de protester ici contre les Solutions que l'on en donne; vains palliatifs pour la plûpart; arrêts plus durs & plus redoutables dans les conséquences, que le mal-même dont on prétend expliquer l'origine & les progrès. Un préjugé, dominant parmi nous, est cause que tous les efforts des Philosophes modernes nous ont plûtôt écartés du but qu'ils ne nous en ont approchés; & l'Impiété, Messieurs, s'est prévalue de leur peu de succès. Je découvrirai ce préjugé. Je le combattrai

battrai à mes risques & dépens, tout consacré qu'il est par l'opinion des Peuples. Heureux, si je tire de ses ruines une Solution qui justifie pleinement les voyes de Dieu!.... Aux yeux de qui? De ceux qui ne voient que lumiere? Non. Aux yeux de ceux qui sont assez sensés pour ne voir qu'obscurité dans des Opinions contradictoires.

PARADOXE
*sur l'existence réelle d'un Corps en divers lieux.**

AVANT-PROPOS.

Je crains, Messieurs, qu'il ne s'élève dans vos esprits un scrupule; si le Sujet que j'annonce, ne seroit point trop relatif à la Théologie, & par conséquent proscrit de nos Assemblées. La vérité est qu'il s'agit, & de l'Opinion théologique à laquelle vous pensez tous, & de Conversations avec un célebre Théologien, & de Dogmes, & de Miracles. Cependant, la Piece que vous allez entendre, n'en est pas moins philosophique, & purement philosophique, à ce que je crois. La maniere, comme vous savez, fait tout. Des passages de l'Ecriture, des décisions de Conciles ou de Synodes, des autorités de Peres ou de Docteurs de l'Eglise; c'est de la Théologie. Point d'autorités; pas même celles des plus grands Philosophes: mais de simples raisonnemens, fondés sur la nature des choses; une lumiere & une évidence victorieuse; c'est de la bonne Philosophie. Que de plus un tour adroit, qui semble au premier aspect prêter à la Superstition, ne tende qu'à lui porter un coup plus rude, dans le moment d'un prétendu triomphe; c'est un mérite philosophique, que tout ce qui est le plus généralement reconnu appartenir à la Philosophie, n'a pas le bonheur de présenter.

On trouve dans la troisieme Partie de mes *Mémoires* (imprimés à la Haye en 1749,) un Morceau, dont quan-

* Lû à l'Académie, le 11 Novembre 1756. Voyez ce qui en a été dit, Tom. I. p. 337.

quantité de personnes m'ont demandé l'explication. Je ne l'ai jamais refusée de vive voix. L'on m'a pareillement sollicité de la communiquer au Public, comme quelque chose dont la singularité n'est point indigne de son attention: mais je ne l'ai point fait jusqu'ici, & ç'a plûtôt été manque d'occasion, qu'à cause de la difficulté; car on va voir qu'il ne m'en eût pas coûté beaucoup. Il est sans exemple, qu'en France, en Suisse, en Hollande, & à Berlin, je sois entré dans le moindre éclaircissement avec quelqu'un, sans l'avoir convaincu.

Avant de rapporter le Morceau assez étendu, dont il s'agit, je dois dire d'abord à qui je parle dans le Mémoire d'où il est tiré. C'est à M. Auguste Jean Buxtorf Pasteur de Bâle, qui s'est aquis sur moi les droits d'un vrai Pere, par un signalé bienfait, dont on lit le détail dans la seconde Partie de ces Mémoires; adressée non à M. Buxtorf, mais à un

Gentil-

Gentilhomme du Pays de Vaud, nommé M. d'Eschischens, d'un mérite fort distingué, chez qui j'ai composé la troisieme; circonstance nécessaire pour l'intelligence de ce qui suit. Dans cette troisieme Partie, après avoir rendu compte de ce qui s'est passé depuis l'âge de dix-sept ans dans mon esprit, tant par rapport à la Religion, que par rapport aux Principes généraux & fondamentaux de nos Connoissances, je place huit *Lettres* que j'écrivis en 1735 au célebre P. Tournemine Jésuite sur le Dogme de la Transsubstantiation, & celui de la Présence réelle en divers lieux. Ensuite j'indique la matiere d'une vingtaine d'autres qui restoient; les unes plaisantes, & d'autres très sérieuses. Au sujet des quatre ou cinq dernieres, je dis, pag. 320 & suivantes.

„ Je m'y jettois dans une Métaphysi-
„ que assez profonde, pour examiner
„ s'il n'est pas possible, en un sens au
„ moins,

„ moins, qu'un Corps existe à la fois
„ en plusieurs lieux.

„ C'est un fameux Miracle qui m'a-
„ voit ramené sur cette matiere. Vous
„ concevez, Monsieur, qu'il est naturel
„ que Jésus-Christ n'ait point de pri-
„ vilege qu'il ne partage avec les gens
„ de sa *Société*. Les Jésuites, en consé-
„ quence, prétendent fort au droit d'ê-
„ tre doubles, & de se multiplier sur la
„ terre de cette façon. A les voir pu-
„ luller partout, il se pouroit qu'il en
„ fût quelque chose. *Hélas!* comme
„ dit la Grenouille d'Esope, *n'est-ce pas
„ assez d'un seul?* Quoiqu'il en soit, li-
„ sez la Vie de François Xavier, l'un de
„ leurs célebres Fondateurs, vous y
„ trouverez, comme un Fait attesté dans
„ toutes les Indes, qu'un jour de Pâques
„ ce grand Saint fit à la fois les fonc-
„ tions de Missionnaire en deux endroits
„ éloignés de plusieurs journées de che-
„ min. Le P. Tournemine s'étant avisé,

„ (j'en

,, (j'en ai honte pour fa mémoire;) de
,, vouloir en quelque forte me prou-
,, ver par cet exemple domeftique la
,, poffibilité de l'exiftence en divers lieux,
,, au lieu de m'amufer à contefter le
,, Fait, qui fe réfute par le témoignage
,, de ceux-mêmes qui nous le débitent,
,, je pris la chofe d'un biais tout diffé-
,, rent, par où j'eus le plaifir en vérité
,, de lui caufer bien de la furprife.

,, Ma penfée, Monfieur, plus éten-
,, due, mieux développée, eft ce qui
,, devoit faire le fujet de mes dernieres
,, Lettres. En quoi elle confifte, je vous
,, le dirai bien en fort peu de mots:
,, mais auffi je vais vous caufer plus d'é-
,, tonnement qu'au R. Pere, fans pou-
,, voir fatisfaire ici la curiofité que j'au-
,, rai fait naître; & peut-être même
,, rifquerai-je de me décréditer dans
,, l'efprit de plus d'un Lecteur.———— Je
,, m'engage à prouver, qu'il eft un fens
,, dans lequel la Préfence réelle d'un

,, Corps

„ Corps en divers lieux peut se conce-
„ voir très aisément. Ce sera sans dou-
„ te un renversement des loix ordinai-
„ res du Monde physique. Il est sûr
„ qu'on devra la regarder comme un
„ grand Miracle; un Miracle égal, si
„ l'on veut, à celui d'arrêter le soleil
„ dans sa course, ou de ressusciter un
„ mort. Mais je soûtiens, que ce Mi-
„ racle ne choqueroit en rien les éter-
„ nelles Vérités que Dieu ne sauroit en-
„ freindre.——— Ainsi donc je prétens
„ que s'il plaisoit à Dieu, je pourois
„ moi par exemple, Monsieur, avoir
„ demain 14 Janvier le bonheur de vous
„ entretenir *le long du jour* à Bâle, &
„ néanmoins *tout le long* de cette même
„ journée, me trouver à Eschischens
„ auprès de mon très cher Patron. Je
„ vous donnerois, (bien entendu que
„ mon cœur y pût suffire; ce qui seroit
„ un autre Miracle, dont je fais abs-
„ traction ici;) je vous donnerois à tous

„ deux,

„ deux, en même tems, de justes dé-
„ monstrations de ma tendresse. Enfin
„ je vous serois présent à l'un & à l'au-
„ tre de telle façon, qu'à toute rigueur,
„ il seroit vrai *que j'aurois été autant à*
„ *Bâle qu'à Eschischens, autant à Eschi-*
„ *schens qu'à Bâle.*

„ Supposé que je parvinsse à établir
„ cette possibilité, ne semble-t-il pas
„ que c'est tout ce que demanderoit le
„ Dogme de l'Eglise Romaine?*
„ Cependant, & c'est ici le comble du
„ Paradoxe, mon explication ne peut
„ être d'aucun usage à cette Eglise, qui
„ d'ailleurs s'en embarasse fort peu. Bien
„ simple qui s'imagineroit lui faire plai-
„ sir, en ramenant par des tours heu-
„ reux sa Doctrine au niveau de la Rai-
„ son!

* J'avertis que j'abrege beaucoup ce Morceau,
& que je supprime ou adoucis quelques
traits, qui eussent moins convenu dans une
Lecture Académique, que dans mes *Mé-*
moires; entr'autres ce qui a rapport au
Dogme Luthérien touchant la Présence
réelle &c.

,, fon! Je foupçonnerois plûtôt, que
,, qui auroit l'art d'y découvrir de nou-
,, velles *Incompréhenfibilités*, feroit moins
,, éloigné de lui déplaire. En un mot
,, il eft très fûr que de façon ou d'au-
,, tre, mon explication ne lui convient
,, point.

,, Mais auffi, me direz-vous fans
,, doute avec bien d'autres, cette belle,
,, cette merveilleufe Explication n'eft-
,, elle pas une pure chimere? J'avoue,
,, Monfieur, que vous devez le penfer.
,, C'eft l'inconvénient que je prévoyois,
,, à ne faire ici qu'un fimple énoncé de
,, la chofe fans entrer en preuve. Fran-
,, chement, des promeffes, telles que
,, celle-ci, ne fe devroient point hazar-
,, der, à moins que l'exécution ne fui-
,, vît de près, & j'aurois mieux fait de
,, garder le filence fur le fujet de mes
,, dernieres Lettres. Qu'y faire? Irai-
,, je, pour obtenir quelque créance,
,, vous protefter, qu'il ne me faudroit
,, après

„ après tout que mettre ma pensée dans
„ un jour convenable, & qu'alors elle
„ cesseroit de vous paroître aussi étran-
„ ge? Si j'ajoûtois qu'elle est même de
„ ces choses dont on ne dispute plus,
„ quand on les a seulement comprises,
„ ce ne seroit encore que l'exacte & pu-
„ re vérité. Mais au lieu de ne faire
„ qu'augmenter sans fruit l'incrédulité
„ du Lecteur, briser là fera le mieux,
„ je pense, en me bornant, à vous di-
„ re l'effet que j'eus la satisfaction de
„ produire sur l'esprit du P. Tour-
„ nemine.

„ Le R. Pere s'étoit d'abord fort mo-
„ qué de mon Paradoxe. A peine avoit-
„ il voulu m'entendre. Il falloit que
„ j'extravaguasse: mes méditations pro-
„ fondes m'avoient tout de bon fait
„ tourner la tête: je ne devois porter
„ qu'aux Petites-Maisons des assertions
„ de la nature de celle-là. Quoi? tom-
„ ber d'accord de la possibilité de l'exis-
„ tence

» tence réelle en plusieurs lieux, & ne
» pas vouloir que l'Eglise Romaine s'en
» autorise dans le Dogme de l'Eucha-
» ristie! *Ah! pour le coup*, s'écrioit-il,
» *voilà des Mysteres plus étonnans que*
» *ceux que votre orgueilleuse Raison refuse*
» *d'admettre!* Et ce qui le choquoit, le
» revoltoit, le scandalisoit au dernier
» point, ce qui poussoit presque sa pa-
» tience à bout; c'est ce que j'avois spé-
» cifié dès le commencement, que je fe-
» sois une abstraction totale des difficul-
» tés de la Transsubstantiation, & que
» je ne parlois absolument que de la
» Présence réelle dans le sens que les Ca-
» tholiques l'entendent. En effet il n'y
» a personne qui ne doive sentir, com-
» bien cette clause rend mon assertion
» plus surprenante.

» Quand le R. Pere se fût lontems
» bien déchaîné, à la fin pourtant j'ob-
» tins qu'il m'écoutât. Je puis vous ju-
» rer en homme d'honneur, Monsieur,
» que

„ que dès que j'eus présenté certain
„ point de vûe, je l'en vis frappé sen-
„ siblement. Son attention devenoit
„ plus fixe: il ne paroissoit plus ne me
„ l'accorder qu'à regret: plus d'impa-
„ tience, que de voir comment je dé-
„ mêlerois les nouvelles idées que je lui
„ fesois naître. Bientôt sa pénétration
„ volant au devant de ce qui me restoit
„ à dire, il ne me laissa point achever:
„ il soûrit, & m'avoua qu'il étoit ren-
„ du. Ensuite ayant rêvé quelques ins-
„ tans, il me tint ce discours, témoi-
„ gnage nullement équivoque de sa sur-
„ prise & de sa conviction tout à la
„ fois.

„ *Mon Ami*, me dit-il, *que la jus-*
„ *tesse de cette singuliere idée ne vous ren-*
„ *de pas plus vain! Bien loin que vous*
„ *deviez en devenir plus intraitable à*
„ *l'égard de nos saints Mysteres, c'est*
„ *un motif de vous soûmettre, que je ne*
„ *doute point que la bonté du Ciel ne vous*

„ *pro-*

„ *procure. Voyez-vous que souvent ce*
„ *qui paroît déraisonnable ne paroît tel,*
„ *que parcequ'on ne l'envisage point com-*
„ *me il faudroit? Vous vous révoltiez con-*
„ *tre toute existence en divers lieux; &*
„ *voilà qu'aujourd'hui vous ne laissez pas*
„ *vous-même d'en établir une d'une ma-*
„ *niere incontestable.* Quel Paradoxe pour-
„ tant venez-vous de mettre dans un jour
„ si démonstratif! Qui ne conviendra qu'il
„ semble d'abord beaucoup plus incompré-
„ hensible que le Dogme-même de l'Egli-
„ se Romaine? Tirez-donc de là, Jeu-
„ ne-Homme, continuoit-il, *tirez de là*
„ *cette utile leçon, qu'un Dieu du moins,*
„ *s'il le vouloit, pouroit vous faire voir*
„ *la possibilité de ce même Dogme, que*
„ *vous traitez si hautement d'absurde &*
„ *de contradictoire.*

„ Ah! mon Pere, lui repartis-je,
„ gare le Pyrrhonisme! Vous m'en
„ faites enfiler la route, prenez-y
„ garde. Pourquoi faut-il que la
„ plûpart

,, plûpart de vos raisonnemens ne me-
,, nent que là ? ,,

Voilà le Morceau, dont nombre de mes Lecteurs ont été frappés comme il convenoit. Ceux qui l'ont lû sans y faire attention, sont en vérité d'étranges Lecteurs. Pour ceux qui ne l'ont regardé que comme une pure extravagance, assurément ils m'ont fait une double injustice. On ne me connoît ni foû ni menteur, & il faudroit que je fusse l'un & l'autre, s'il n'y avoit ici quelque sorte de vérité. Il s'agit donc de justifier mon jugement & ma bonne foi. Je dois expliquer comment, & en quel sens, il est possible qu'un même Corps, dans le même espace d'une heure, par exemple, *soit présent, & réellement présent, autant à Paris qu'à Rome, autant à Rome qu'à Paris.* Et il faut que la chose soit d'une évidence à ne point trouver de rebelles. Il faut que l'on conçoive, qu'un Homme tel que le R. P. Tournemine, &

tout

tout autant d'autres Personnes à qui j'en ai parlé depuis, ayent pû se rendre dès la premiere explication. L'affaire est si facile, que j'ai honte de l'entamer sans un petit préliminaire, dont je n'ai guere manqué d'user toutes les fois qu'on m'a mis sur ce sujet.

Dans un repas où se trouvoit Christophe Colomb, des Seigneurs Espagnols, jaloux de sa gloire, affectoient de rabaisser la découverte du nouveau Monde. Rien de plus simple, que de penser que l'autre Hémisphere ne devoit point être dépourvû de Continens. A qui cela ne devoit-il pas venir dans l'esprit? Le Génois, sans paroître aucunement piqué, prend un œuf: Messieurs, leur dit-il, je vous propose à tous tant que vous êtes une chose aisée; c'est de faire tenir cet œuf par la pointe sur cette assiette. Si personne n'en vient à bout, je m'en charge. Plusieurs essayent inutilement l'équilibre d'un Corps à surface lisse &

Tome II. P courbe

courbe sur une surface encore plus polie & plate. Tous y renoncent. Colomb prend l'œuf, casse la pointe, & lui fesant une large base.... Ah! voilà-t-il pas une grande merveille, s'écrie-t-on? Qui est-ce qui n'en feroit autant?... Oui, Messieurs; mais il falloit l'imaginer.

Il y a quelque chose de semblable dans ce qu'on va voir. Colomb en proposant de faire tenir un œuf sur sa pointe, ne spécifioit pas si elle devoit être entiere ou rompue. Les expressions dont je me sers ne sont pas non plus indifférentes. Quoique très justes & très exactes, elles ne présentent pourtant pas à l'esprit du Lecteur tout-à-fait le même sens qu'au mien. Telle expression synonyme qu'on croiroit pouvoir substituer dérangeroit tout. Ce que j'entens est en effet merveilleux, mais possible; ce que le Lecteur y comprend est impossible de toute impossibilité.

„ Le

,, Le même Corps, dans le même es-
,, pace d'une heure, & de la même heu-
,, re, fera préfent, & réellement pré-
,, fent, autant à Paris qu'à Rome, autant
,, à Rome qu'à Paris. ,,

Quel autre fens ces paroles peuvent-elles avoir, que celui qu'elles femblent préfenter?... Attendez. Cela fignifie peut-être, que le Corps ayant exifté la premiere demi-heure dans l'une de ces villes, eft tranfporté miraculeufement en un clin d'œil dans l'autre ville, où il paffe la feconde partie de l'heure entiere. Il aura été autant à Paris qu'à Rome, autant à Rome qu'à Paris, & cela durant cette heure.... Non. Vous n'y êtes pas. Cela feroit pis que la pointe caffée, & ce que je veux dire a plus de fineffe. D'ailleurs j'ajoûte, que le Corps ne ceffera pas d'être vû dans l'une & dans l'autre ville durant toute l'heure entiere.... Ah! *ne ceffera pas d'être vû*, c'eft-à-dire *qu'il paroîtra*; mais y fera-t-il dans l'heure entiere ?... Je n'ai rien à vous répondre.... Bon! C'est que Dieu substituera l'image du Corps durant la demi-heure de l'absence.... Vous n'y êtes pas. J'ajoûte que ce que je dis de l'heure, je le dis de chaque quart d'heure, & de chaque minute, & de chaque seconde, si vous voulez. Aucune, où le Corps n'ait été autant à Paris qu'à Rome, autant à Rome qu'à Paris. Et pour achever la déroute des conjectures, écoutez bien ; j'ajoûte encore, qu'il n'y aura absolument point d'illusion miraculeuse.

L'on se rend... Eh bien, il n'y aura point d'illusion miraculeuse, mais il y en aura une très physique & très commune. Le Miracle ne sera que dans un transport rapide & alternatif d'un lieu à l'autre. Vous avez frisé l'explication ; il ne vous falloit plus qu'un pas. Il n'y a personne qui n'ait remarqué ce qui arrive à un flambeau qu'un laquais remue fort vîte, ou encore mieux, à un charbon

bon ardent qu'on tourne dans une fronde. On fait qu'il paroît un grand cercle de lumiere. Quoique le charbon ne foit peut-être pas la centieme partie de la circonférence qu'il décrit, & que par conféquent il foit abfent de chaque point quatre-vingt-dix-neuf parties de tems contre une où il eft préfent, l'on ne peut cependant point diftinguer l'inftant de fa préfence en chaque point des quatre-vingt-dix-neuf inftans de fon abfence. C'eft que l'impreffion que la préfence d'un objet fait dans l'œil dure toûjours un peu plus que fa préfence : & fi la rapidité du mouvement ramene l'objet avant que l'impreffion foit ceffée, il fe fait une impreffion nouvelle, & ainfi de fuite, d'où réfulte une vifion continue, partie apparente & partie réelle. Mais il faut obferver, que le mouvement pour cela ne doit point être trop rapide. S'il l'eft trop, le paffage de l'objet en chaque point de la route, loin de laiffer une

P 3 impreffion

impression dans l'œil, n'y en fait pas même à l'instant de la présence. L'objet ne sera point vû. Un boulet de canon ne l'est point par cette raison. Une fronde qui tourneroit avec la même rapidité, disparoîtroit, au lieu de rendre sensible le cercle qu'elle décrit.

Supposez donc, Mon Révérend Pere, disois-je au célebre Jésuite; supposez que tandis que je suis ici à Paris auprès de votre Révérence, Dieu me transporte à Rome aux pieds du St. Pere, d'un mouvement infiniment plus rapide que celui du boulet de canon; ce que tout le monde avoue possible. Dieu m'y laisse un tems pareil à celui que la pierre d'une fronde réside en chaque point du cercle qu'elle décrit. Il me ramene ici avec autant de rapidité, & me tient auprès de vous le même tems qu'auprès du St. Pere; & de même pendant une heure. Ni le St. Pere, ni vous, ne m'avez perdu de vûe un seul instant durant cette heure.

heure. La rapidité de ma courſe ſera trop grande pour laiſſer quelques traces dans vos organes; vous ne m'appercevrez en mouvement, ni dans votre chambre, ni dans les airs. Le tems de ma préſence, quoique beaucoup plus petit peut-être que la centieme partie d'une ſeconde, cauſera pourtant une impreſſion aſſez forte pour durer juſqu'à mon retour, comme celle de la pierre dans la fronde. Il ſera vrai de dire au pied de la lettre, que durant toute l'heure j'aurai été autant à Paris qu'à Rome, autant à Rome qu'à Paris; mais non que j'aurai été l'heure entiere à Rome & à Paris. Ce qu'il y aura d'illuſion, ne ſera qu'une illuſion phyſique & très commune; & le Miracle ne conſiſtera qu'en un tranſport rapide qui n'a rien de contradictoire. Votre bon St. François Xavier aura, ſi vous voulez, paru de la ſorte, le même jour & la même heure, à Cochin, à Surate, à Goa, à Calicut, à Visapour, & au Japon, & en Europe. Mais je défie l'Eglise Romaine de faire usage de cette idée. Il est visible qu'elle n'a jamais entendu qu'une présence continue, & non une présence intermittente du Corps de Jésus-Christ; & dans les entraves où elle s'est mise, il ne lui seroit plus libre de se prêter à cette Explication, quand elle voudroit.

Le reste de la Conversation, relatif à ce qui se lit dans mes Mémoires, seroit ici, Messieurs, trop déplacé. Au défaut d'usage théologique, cherchons une utilité d'un autre genre. La subtile réflexion du P. Tournemine me la fournit. *Motif de vous soûmettre, Jeune-Homme*, me disoit-il; *& de devenir moins intraitable sur nos Mysteres!* Jeune-Homme! oui! Ce Jeune-Homme, par l'application de son esprit, découvre un fond de vérité frappant, dans ce qui ne paroissoit d'abord qu'une assertion impertinente. Donc il doit se soûmettre à toutes

tes les rêveries qu'on lui débite. Parcequ'il semble n'avoir pas la vûe mauvaise, il doit se boucher les yeux! S'il est de l'intérêt de telles ou telles Doctrines de raisonner de la sorte, j'ai peine à croire que ce soit l'intérêt de la Vérité. C'est précisément ici le rebours de l'argument ordinaire des Pyrrhoniens; & pour être le rebours d'un raisonnement très faux, celui-ci n'en vaut pas mieux. A qui, disent-ils, à qui n'est-il pas arrivé de ne découvrir qu'erreur, où il n'avoit cru voir qu'évidence? Donc il faut supposer des erreurs partout; & jusqu'au sein même de l'évidence. Vous découvrez la lumiere de la vérité, où vous n'avez cru voir qu'une fausseté palpable, dit le Jésuite. Donc ce qui vous paroît d'une fausseté palpable, doit s'attirer d'avance votre soûmission & vos respects. Mais combien, est-il plus commun de ne trouver qu'erreurs sous ce qu'on appelle d'incontestables Vérités, qu'il ne l'eſt de trouver des Vérités réelles masquées d'apparences abſurdes? La conſéquence du R. Pere eſt par cette raiſon beaucoup plus vicieuſe, que celle du Pyrrhonien. Un juſte tempérament eſt celui d'un examen univerſel; & non ſeulement univerſel; continuel. Examiner ce qui paroît vrai; examiner ce qui paroît faux; écouter tout; ſonder tout; ne faire que cela toute ſa vie: c'eſt la méthode du Sage. Ce n'eſt celle, ni du Pyrrhonien; ni du Sectaire, entêté de ſa prétendue Orthodoxie. Le Docteur en incrédulité vous diſpenſe de l'examen; c'eſt tems perdu. Le Docteur en crédulité, preſque par toute terre, vous défend l'examen. Fermez les yeux, croyez. En quelques endroits, on vous le permet; ô le rare effort! on vous y exhorte: mais ſous la condition que l'examen ne vous écartera pas, d'un travers de doigt, de certains Canons reçus. S'il vous en écarte, vous êtes un Homme ſingu-

singulier, dangereux, un perturbateur de la Société. Examinez, vous crie-t-on, mais ne sondez pas. Gardez-vous d'aller trop loin; c'est-à-dire plus loin que nous. Il n'y a qu'un téméraire qui sonde les Abymes; il s'y perd. Bien entendu, que qui heurtera tant soit peu la rigoureuse Orthodoxie, sera ce téméraire qui aura sondé les Abymes, voulu pénétrer des Mysteres impénétrables, appellé Dieu au tribunal de sa chétive Raison, brisé sa Foi sur les écueils d'une Philosophie insensée, & autres lieux-communs des Déclamateurs de tous pays.* Sondons toûjours à bon compte.

Son-

---

* Lélie Socin, oncle de Fauste, ne pensa jamais à faire de Secte; mais tandis que ceux qui en fesoient, ne parloient que d'examen, il examinoit aussi, & proposoit ingénument ses doutes à ceux qu'il croyoit en état de les résoudre. Cela ne laissoit pas de déplaire à ce grand Réformateur Calvin, qui lui écrivoit en ami: *Je vous l'ai dit, & vous le répete; l'avis est sérieux: guérissez-vous de cette*

Sonder, c'est examiner; & il n'y a point de croyance méritoire sans un examen profond. La seule témérité est d'affirmer de Dieu quelque chose sur un oui-dire; ou sur la foi d'autrui, quel qu'il puisse être. Mais que j'affirme, ou que je nie, ou que je déclare que je n'en sais rien; si c'est après y avoir porté l'application dont je suis capable, en quoi serois-je plus répréhensible, d'une façon que de l'autre? J'ouvre les yeux, je regarde, je dis avec sincérité ce qui me paroît; je regarde encore, & rends un nouveau

te démangeaison d'approfondir; ou j'en crains pour vous de fâcheuses suites. Ainsi cet Homme, qui changeoit la Religion de l'Europe sans mission divine, & qui ne trouvoit pas que Luther, Zwingle, & tant d'autres eussent assez fait d'innovations; ce même Homme appelloit *démangeaison d'approfondir*, tout examen qui ne menoit pas aux conclusions de son Parti. Il est inutile de remuer les cendres de Servet: ce travers est assez fort, & devroit faire honte à qui montre encore le même esprit.

nouveau compte auſſi fidele : je regarde tant que j'ai des yeux ; & tant que j'ai une langue, elle s'exprime ſelon mon cœur. La Vérité ſuprème ne s'offenſe que de l'impoſture : elle applaudit à ma bonne foi, & n'a que pitié de mes efforts, lorſqu'ils ne ſont point heureux.

C'eſt aſſez, Meſſieurs, de ces réflexions ; j'aurai trop d'occaſion d'y revenir. Je veux lever en finiſſant une petite Difficulté qu'on m'a faite ſur le fond de mon Paradoxe. On ne me conteſte rien, ſi la choſe ſe paſſe en plein air ; mais à huis clos l'impénétrabilité des Corps la rend, dit-on, impraticable. Point du tout. Il ne ſe fera point de *pénétration*. Le Miracle ſe réduit toûjours à des tranſports & à des déplacemens auſſi rapides qu'il eſt beſoin ; ce que perſonne ne nie poſſible. Qui empêche que la porte ne s'ouvre & ne ſe referme ; qu'un pan de muraille ne s'écarte & ne
ſe

se rejoigne; ou que la maison-même ne se soûleve, en un instant imperceptible?* Je demande, par parenthese, à beaucoup de savans Interpretes de l'Ecriture, qui leur a dit que ce ne fut pas de cette sorte que Jésus-Christ ressuscité parut au milieu de ses Disciples. En nous apprenant que les portes étoient fermées, l'Ecrivain sacré semble indiquer un vrai Miracle. Mais quel Miracle? Y eût-il une pénétration proprement dite de tout le Corps solide de Jésus-Christ avec une pareille partie solide

de

* Il y a encore une autre Difficulté qui s'offre naturellement, & que j'ai prévenu dès l'énoncé-même du Paradoxe, si l'on y prend garde, (ci-dessus, pag. 217, vers le bas;) sur ce qui concerne la pensée, & l'expression de la pensée, au milieu de ces transports alternatifs. Mais comme on conçoit bien, que ce n'est pas sérieusement, que je m'intéresse à la double Prédication du Jésuite F. Xavier, il ne vaut pas la peine de dire, comment j'explique le reste. J'ai tenu parole sur la multiplicité de la Présence, & cela suffit.

de la muraille ? Ou bien le Corps de Jésus-Christ a-t-il la propriété de se rendre tantôt palpable, ainsi qu'il le fut pour les Disciples, & tantôt assez fluide pour s'insinuer à travers les pores d'un mur, comme la vapeur du vif-argent à travers un coffre de fer quand il y a de l'or qui l'attire ? Ou bien enfin n'y eût-il qu'un simple déplacement instantané d'une partie de la muraille ? Il faut voir les systèmes que les Commentateurs de diverses Sectes ont bâti sur les deux premieres hypotheses, sans penser à la troisieme. Ils vous expliqueront la nature d'un Corps glorifié ; ce sera merveille. Car ils sondent, ces Messieurs ! & Dieu sait de quelle façon. L'étrange sonde, que celle qui a pour guides tout à la fois la Superstition & l'aveugle Curiosité ! Nous sonderons aussi, ne leur en déplaise ; & par amour de la Vérité. Nous sonderons jusqu'aux rêveries les plus creuses, quand nous y trouverons
jour

jour à décréditer des Erreurs puissantes: l'usage anoblit tout. La nature du Miracle, celle de la Prophétie, celle du Mystere, celle du Théisme & du Polythéisme &c, nous fourniront des Remarques inattendues. Nous verrons quels édifices se sont élevés sur un fond vraiment digne de nos respects.

Il y a une quatrieme manière d'expliquer l'entrée d'un Corps dans un lieu parfaitement clos, sans pénétration, sans insinuation par les pores, & sans déplacement des parois. Voilà qui est bien pis! Cette maniere, dis-je, est possible dans les principes de toutes les Philosophies connues, excepté la Leibnitzienne. On n'a pas besoin même, de supposer avec Descartes, que Dieu puisse changer les Essences des choses. Laissant les Essences ce qu'elles sont, (écoutez, s'il vous plaît, la Proposition, & si elle vous paroît exorbitamment absurde, jugez de là du mérite des Philosophies

dans

dans les principes desquelles elle se démontre;) *Les 1728 pouces cubes d'un pied cube, resserrés sous une surface cube que nous supposerons impénétrable, aussi bien que chaque pouce cube, peuvent s'y mouvoir en tous sens, de façon qu'il n'y en ait aucuns qui conservent entr'eux les mêmes distances: ils en peuvent sortir; ils y peuvent rentrer; le tout au gré du souverain Moteur, ou du Hazard, si l'on n'admet point de souverain Moteur.* Sera-ce le désespoir des Neutoniens, Epicuriens, Gassendistes, & autres Partisans du Vuide? Car c'est particuliérement dans leurs principes, beaucoup mieux que dans ceux des Cartésiens, que la chose est démontrable, & démontrable, non pas comme simplement possible par Miracle, mais comme loi de la Nature plus essentielle que le Vuide ne l'est dans leurs Systèmes.

Je m'expliquerai, Messieurs, sur ce Sujet dans une Piece qui aura pour titre

titre *Vuide pour Vuide, ou Saut pour Saut*, contre les Partisans de l'Espace absolu, du Vuide, de l'Attraction &c. Mais ce ne sera pas de quelque tems. Il y a des Préjugés d'une plus grande conséquence, qui demandent notre attention avant ceux-là.

THEOTIME;
Fragment d'un Discours lû à l'Académie le 19 Octobre 1752. *

Je sais un Homme plein des plus nobles & des plus saines idées qu'on puisse se former de l'Etre suprême; idées, Messieurs, qui ne sont pas seule-

* C'est le Morceau retranché, ainsi qu'il a été dit dans le Tome précédent, du Discours sur la Question; *S'il est permis de proposer contre les Preuves des Vérités les plus respectables, & que l'on reconnoît pour telles, & non seulement contre les Preuves, mais contre les Vérités-mêmes, des Difficultés, de nature qu'il soit à craindre, que la Foiblesse humaine qui les forme, n'ait beaucoup de peine à les résoudre.* On doit observer que ce Morceau fut lû avec le reste du Discours, dont il étoit, à proprement parler, l'occasion. Mais comme il peut fort bien s'en détacher, j'ai trouvé à propos de le mettre ici, avant quelques Pieces sur le Sujet que j'y annonce. Le Lecteur aura moins à suspendre son jugement; & peut-être sera-t-il mieux disposé à la grace que je lui demande, de ne le point précipiter.

seulement à la pointe de son esprit, mais qu'on peut dire avoir pénétré son cœur. L'existence d'un Dieu est pour cet Homme une Vérité de sentiment, à laquelle il proteste, qu'il ne lui est pas plus possible de se refuser, qu'à celle de quelque Axiome que ce soit. C'est, selon lui, *la Vérité premiere.* Il en faut une; & il soûtient, qu'à le bien prendre c'est celle-là.

„ Ceux, dit-il souvent, qui entre-
„ prennent de prouver l'existence du
„ souverain Etre, sont assurément moins
„ à plaindre, mais la plûpart du tems
„ ils ne sont gueres plus raisonnables au
„ fond que ceux qui la nient. Ces der-
„ niers, il n'y a point de milieu, sont
„ ou des gens de mauvaise foi, qui fer-
„ ment les yeux pour affirmer qu'ils ne
„ voyent pas le Soleil; ou d'infortunés
„ aveugles qui en effet ne le voyent pas.
„ Les autres, ridiculement, allument
„ de foibles Bougies pour faire voir la
„ Source

,, Source de toute clarté. Ils accumu-
,, lent les flambeaux: ils couvrent de
,, feux l'Horizon; & ne s'apperçoivent
,, pas, que ces Luminaires terrestres &
,, grossiers, par l'épaisse fumée qu'ils
,, exhalent, obscurcissent ce bel Astre,
,, & le font disparoître aux yeux.,,

Formons, continue Théotime; (c'est le nom sous lequel vous me permettrez, je vous prie, Messieurs, de désigner le Philosophe inconnu dont j'ai l'honneur de vous parler.) ,, Ah, s'écrie-t-il! For-
,, mons tant qu'il nous plaira des dou-
,, tes sur l'existence de ce Soleil. Met-
,, tons en question, & la nature, & la
,, réalité de son action. Ni plus ni
,, moins, nous marchons à sa lumiere,
,, & nous vivons de sa chaleur. Que ne
,, nous en laissons-nous pénétrer? Tout
,, prouve un Dieu, lorsque nous n'en
,, disputons point. Cette Vérité s'échap-
,, pe, & tout avec elle, dès que l'on dis-
,, pute. C'est le Soleil encore un coup.

,, Pour

„ Pour mieux vous convaincre qu'il
„ exifte, le fixez-vous? vous ne le voyez
„ plus. Et fi vous réitérez fouvent l'en-
„ treprife, vous courez rifque de ne le
„ plus voir. „

Ce n'eft cependant pas que Théotime ne reconnoiffe hautement, qu'on peut combattre l'Athéifme avec fuccès. Seulement prétend-il, Meffieurs, qu'on ne le peut que par des argumens relatifs, c'eft-à-dire par des argumens tirés des Principes-mêmes de l'Athée qu'on a entrepris de réduire. Il confent que l'on épie les raifonnemens de l'Homme à qui on a affaire, & qu'on cherche à le trouver en contradiction avec lui-même; ce qui eft la chofe du monde la plus aifée. Il confent auffi, que l'on preffe les Difficultés, ou plûtôt les Incompréhenfibilités fans nombre, dont tout Syftème d'Athéifme eft embaraffé; tant celles qui lui font particulieres, que celles qu'il peut avoir de commun avec le Théifme;

l'éterl'éternité; le progrès à l'infini; l'action, soit intérieure, soit extérieure, des Etres; leurs changemens continuels, où s'opere un Paſſage du non-être à l'être auſſi inconcevable que la Création l'eſt en ſoi; & tant d'autres. Mais enſuite, pour peu que l'Athée ſoit opiniâtre, au lieu de s'amuſer à rien établir de poſitif avec lui, ce qui n'eſt pas poſſible, il veut qu'on acheve de ruiner & de renverſer de fond en comble toute Certitude, dans ſes Principes; au point de le précipiter par le cours rapide des conſéquences, de Difficultés en Difficultés, & d'Incompréhenſibilités en Incompréhenſibilités, dans le Pyrrhoniſme le plus complet.

„ Cet état de Pyrrhoniſme outré, dit
„ Théotime, eſt trop contraire à la Na‑
„ ture pour qu'on y puiſſe reſter, ſi ce
„ n'eſt quelques inſtans au plus. Jamais
„ perſonne n'a douté ſérieuſement qu'il
„ exiſtât; qu'il éprouvât une infinité de
„ ſen‑

„ sensations différentes; que ces sensa-
„ tions eussent un rapport nécessaire à
„ quelque chose hors de lui ; qu'ainsi
„ donc il fût partie d'un Monde, d'une
„ Société; qu'il fût lié par ses inclina-
„ tions, par ses espérances, par ses
„ craintes-mêmes, à d'autres Etres très
„ réels; qu'il eût une conduite à tenir
„ envers ces Etres, de laquelle conduite
„ dépend son bonheur & sa tranquilité;
„ que pour cette conduite il y ait des
„ regles, des préceptes, des maximes,
„ dont il ne peut se départir sans se jet-
„ ter dans un abyme de maux; qu'il y
„ ait enfin des Vérités, & des Vérités
„ certaines. Cependant il est visible, que
„ quelque étrange que puisse être un A-
„ thée Pyrrhonien, s'il y en a, l'Athée
„ Dogmatique est encore plus déraison-
„ nable, en ce qu'il est moins consé-
„ quent. De quel droit ce dernier tient-
„ il pour sûr, qu'il n'est pas le jouet
„ d'une illusion perpétuelle, soit par la
„ nature

„ nature des choses, soit par un effet
„ de sa propre imperfection, soit par
„ la malice de quelque Etre supérieur
„ & très méchant? Comment au milieu
„ des obscurités impénétrables, qu'il est
„ contraint d'embrasser, peut-il se pro-
„ mettre le moindre degré de certitude
„ sur quoi que ce soit? Une pareille sé-
„ curité ne porte point avec elle sa rai-
„ son. Elle n'appartient, qu'à un es-
„ prit vivement & intimement pénétré
„ de ce Principe, *Il y a un Dieu*: un
„ Dieu, Etre souverainement intelligent,
„ qui ne peut errer lui-même; Etre
„ souverainement bon, qui ne peut se
„ plaire à nous tromper; Etre souve-
„ rainement puissant, capable d'empê-
„ cher qu'aucune illusion, supérieure à
„ nos forces, ne nous abuse sur des
„ points d'une nécessité indispensable.
„ C'est de la sorte *que la connoissance de*
„ *Dieu est le fondement de toute certitude,*
„ *& que toute certitude est aussi le fon-*

Q 5 „ *dement*

„ *dement de la connoissance de Dieu:* ce
„ qui fait, on ne peut en disconvenir,
„ un Cercle, mais un Cercle nullement
„ vicieux; puisque telle est L'ESSENCE-
„ MEME DE LA CHOSE, *que la Lumiere*
„ *fasse voir les Objets, & que les Objets*
„ *vûs servent à leur tour à la manifesta-*
„ *tion de la Lumiere.* „*

Après tout c'est à regagner bien plûtôt

---

* Il faut avoir la bonté de faire la plus sérieuse attention à ce Paragraphe, mais particuliérement à ces dernieres paroles; „ C'est de la
„ sorte *que la connoissance de Dieu est le fon-*
„ *dement de toute certitude, & que toute cer-*
„ *titude est aussi le fondement de l'existence de*
„ *Dieu:* ce qui fait, on ne peut en disconve-
„ nir, un Cercle, &c. „ Sans cela on risque de ne point prendre la pensée de Théotime, ni la mienne; & l'on croira trouver la plus grande contradiction, entre dire qu'on ne peut, à proprement parler, donner de démonstration de l'existence de Dieu, & néanmoins en proposer une nouvelle, comme je fais à la fin de ce Volume. Ces choses s'accordent plus aisément qu'on ne peut l'imaginer.

tôt qu'à combattre ceux qui ont le malheur de douter de l'exiſtence de Dieu, ou même de la nier, que Théotime, Meſſieurs, ſouhaiteroit qu'on mît ſon étude. Pour cela il recommende deux moyens, plus ſûrs que tous les raiſonnemens imaginables.

Le premier conſiſte à charger le moins qu'il eſt poſſible la notion de l'Etre ſuprême. Il veut qu'on prenne garde à ne point faire de ce grand Etre un Fantôme effrayant, comme il n'arrive que trop, en accumulant les prétendues Perfections dont on compoſe ſon eſſence; tantôt parceque les Perfections qu'on lui attribue, ſont chimériques au moins par rapport à lui; tantôt parcequ'elles ſont effectivement contradictoires entr'elles; & le plus ſouvent, parceque le degré ſeul où on les porte, eſt ce qui les fait devenir & contradictoires & chimériques. ,, Que l'on ne rende point ,, l'idée de Dieu incroyable; que ſur-
,, tout

„ tout le Fanatisme ne la rende point
„ aussi haïssable qu'il la rend: on verra,
„ dit Théotime, bien peu d'esprits se
„ révolter contre elle. „

L'autre moyen seroit, que ceux qui témoignent quelque zele contre l'Athéisme, se fissent une loi sacrée, de se montrer dignes par l'innocence de leur vie de la Vérité qu'ils professent, & que par là ils fondassent les portraits odieux qu'ils ont coûtume de faire de l'Impiété. On sent combien ce moyen seroit efficace, mais aussi le peu d'espérance qu'il y a de le voir en usage assez généralement. Qui doute qu'il ne soit plus aisé de rebattre des lieux-communs, que de régler ses mœurs? Cependant, & c'est l'avis de Théotime, chacun doit se comporter à cet égard, comme s'il étoit sûr de la conspiration unanime de tous les autres. Il veut qu'au moins on n'ait rien à se reprocher. „ Le comble de
„ l'aveuglement, selon lui, n'est pas de
„ nier

,, nier la Divinité: c'est de la défendre ,, par de vains discours, tandis qu'on ,, l'outrage par les actions. ,,

Ce n'est ici, Messieurs, qu'un exposé très raccourci & très imparfait des pensées de mon Philosophe; je dis de celles de ses pensées qui ne pouroient que lui faire honneur, & lui mériter votre entiere confiance, lorsqu'elles feroient plus détaillées. Venons à d'autres dont la hardiesse n'eût pas manqué de vous le rendre suspect, si j'eusse commencé par là. Attendez-vous à des Paradoxes fort révoltans. Aussi ai-je bien dessein de n'en produire pour cette fois que l'Enoncé tout simple, sans y joindre les preuves, bonnes ou mauvaises, dont on prétend les appuyer. Passer outre, ce seroit décider moi-même la Question que j'ai proposée. C'est à vous à la décider, Messieurs, & à voir, quand vous saurez ce dont il s'agit, si vous jugez convenable d'en apprendre davantage une autre fois.
Théo-

Théotime en général n'avoit jamais été fort satisfait des Démonstrations qu'on donne de l'existence de Dieu. Cette grande Vérité n'en demeuroit cependant pas moins gravée dans son ame par les traits de la plus vive persuasion. Quelques instans de doute sur ce sujet l'avoient jetté dans un Pyrrhonisme si outré qu'il n'y resta pas lontems. Ce fut ce qui le conduisit à ces Principes : *Que la connoissance, ou si l'on veut, la supposition d'un premier Etre, tout bon, tout sage, & tout puissant, est l'unique fondement de toute connoissance systématique & réguliere ; qu'en conséquence, il est aussi absurde de vouloir démontrer en regle l'existence de cet Etre, que d'allumer une foible Bougie pour faire appercevoir le Soleil ; & qu'enfin une entreprise si déraisonnable ne peut assurément qu'avoir beaucoup de danger sans aucun fruit.* „ En effet,
„ dit-il, voit-on que tant de Traités
„ contre l'Athéisme ayent fait autre
„ chose

,, chose qu'étendre les progrès de l'A-
,, théisme ? Voit-on qu'aucune Démon-
,, stration ait persuadé l'existence de Dieu
,, à d'autres qu'à ceux qui la croyoient
,, déjà ? On a vû des Démonstrations
,, convaincre de la vérité du Christianis-
,, me des personnes très mal disposées;
,, & cela doit être, puisque dans l'hy-
,, pothese d'un Dieu, *sans contredit il y*
,, *a des Démonstrations moralement invin-*
,, *cibles de la vérité du Christianisme.*
,, Mais a-t-on jamais vû quelqu'un,
,, qui après avoir sincérement & déter-
,, minément nié l'existence d'une Bonté,
,, d'une Sagesse, & d'une Puissance in-
,, finie qui gouverne le Monde, & cela
,, sur la considération entr'autres, des
,, maux & des désordres dont le Monde
,, est plein; a-t-on, dis-je, jamais vû
,, quelqu'un, capable de sentir ce que
,, c'est que Démonstration, qui depuis
,, se soit rendu à telle ou telle preuve ?
,, Il n'est pas possible au moins d'en
,, pro-

,, produire un exemple sûr. De deux
,, choses l'une; il y aura toûjours lieu
,, de douter, ou si l'Athéisme étoit sin-
,, cere, ou si le retour l'est bien. Dans
,, le second cas la Démonstration n'aura
,, point eu de fruit, & dans le premier
,, elle n'en aura eu d'autres, que de
,, prouver ce que l'on croyoit déjà. Ou
,, bien voulez-vous que la Démonstra-
,, tion ait eu le fruit de dissiper cer-
,, tains doutes, de lever certaines diffi-
,, cultés ? Il reste à savoir, si ce n'est
,, pas plus heureusement que légitime-
,, ment, qu'elle a levé ces difficultés &
,, dissipé ces doutes. ,,

Je tremble à vous révéler ici la hardiesse de Théotime. Mais non ce n'est
point hardiesse, ni témérité criminelle;
c'est conviction pure. S'il étoit connu
de vous comme il l'est de moi, vous
sentiriez qu'il n'y a que la force & l'in-
térêt-même de ce qu'il croit être la Vérité, qui lui arrachent l'aveu que vous
allez

allez entendre. Tout plein des pensées dont je vous ai rendu compte, il assure, Messieurs, avoir remis à un examen rigoureux, les preuves qu'on trouve partout de l'existence d'un premier Etre, & que ce qui ne pouvoit manquer d'arriver, si ces pensées sont justes, s'est vérifié. Il déclare ingénument qu'il n'y a pas une seule de ces preuves, qui ne lui ait paru quelque chose de pis que défectueuse. Tantôt c'est de supposer ce qui est en question; tantôt c'est de pouvoir être rétorquées avec un avantage & une facilité extrêmes; la plûpart du tems c'est de porter absolument à faux. Je ne vous parlerai, ni de l'accord des Nations à reconnoître une Providence, ni de l'idée que chacun de nous trouve en soi d'un Etre tout parfait & éternel, ni de l'essence de cet Etre lequel ne peut se concevoir comme possible qu'il ne soit dèslors conçu comme existant, ni des caracteres de nouveauté qu'on remarque dans le Monde, d'où l'on infere une Création, & une Création aſſez récente, ni de la contingence des événemens, ni de leur ſucceſſion, ni du progrès à l'infini. Je ne pourois vous dire plus en particulier ce que Théotime penſe ſur tout cela, ſans y joindre ſes raiſons; ce qui ne m'eſt pas permis. Je m'en tiendrai à la ſeule preuve tirée des Merveilles ſans nombre de la Nature, preuve ſi accréditée & ſi populaire, preuve ſi fort à la portée de tous les eſprits, ſur quoi l'on a écrit tant de volumes, & qu'on a pouſſée juſqu'aux derniers détails de mille & mille manieres. Théotime prétend la renverſer par deux raiſons. La premiere ſi courte, mais en même tems ſi déciſive ſelon moi, qu'il ne m'eſt pas plus permis de m'en expliquer que des précédentes. L'énoncé de la ſeconde doit au contraire paroître ſi approchant de la folie, qu'on peut n'en point faire myſtere. Ecoutez Théotime lui-même.   ,, Tou-

„ Toutes les preuves, dit-il, de
„ l'exiſtence de Dieu, qui ſe tirent de
„ la conſidération de l'Univers & de ſes
„ différentes parties, portent ſur ce
„ Principe: *Qu'où l'on obſerve de la beau-*
„ *té, de l'ordre, un enchaînement de*
„ *moyens & de fins, des diſpoſitions mar-*
„ *quées pour certains uſages, on doit né-*
„ *ceſſairement ſuppoſer une Cauſe intelli-*
„ *gente, & d'autant plus intelligente que*
„ *le tout eſt plus admirable.* L'on s'i-
„ magine en conséquence, qu'il n'eſt
„ queſtion que de prendre la Nature
„ en gros ou en détail, ceci, cela,
„ depuis le tiſſu merveilleux de la Lu-
„ miere jusqu'au fétu qu'elle rend vi-
„ ſible. Analyſer l'objet; changer d'ob-
„ jet, ſi l'Athée ne ſe rend pas; ou
„ pouſſer l'analyſe plus loin. Entaſſer
„ les obſervations ſur les Aſtres & ſur
„ les Plantes, ſur l'Eau & le Feu, les
„ Poiſſons & les Inſectes; faire un Vo-
„ lume

,, lume sur une Chenille; * coudre à des
,, faits de Physique le lieu-commun re-
,, tourné de mille façons: *Qui peut mé-*
,, *connoître un dessein? Qui est assez dé-*
,, *pourvu de sens?*... Moi, qui ose soû-
,, tenir que cela ne prouve quoi que ce
,, soit, si l'on ne sait déjà certainement
,, qu'il y a un Dieu! Moi, qui prétens
,, que mille pareils volumes ne prou-
,, vent pas plus qu'un seul, & un volu-
,, me plus qu'une seule page! Ce n'est
,, jamais que le même Sophisme, qui
,, ne devient que plus impertinent à être
,, ressassé tant de fois à la honte de la
,, Vérité.

* J'ai vû, il y a quelques années, un très gros Manuscrit, rempli de planches, sur l'Anatomie de la seule Chenille de l'espece la plus commune; je ne sais s'il a paru. L'Auteur, homme d'ailleurs de beaucoup de mérite, croyoit travailler utilement pour la cause de Dieu. Du moins suis-je convaincu, qu'il ne perdoit, ni le tems, ni les peines prodigieuses qu'il y mettoit; si, comme je n'en doute point, l'infinie Bonté tient compte des intentions.

„ Vérité. Or que ce ne soit qu'un hon-
„ teux Sophisme, il n'y a point de dou-
„ te, s'il est démontré, *que, pourvu*
„ *qu'il ne s'agisse que d'un Ouvrage d'une*
„ *étendue finie, tel que ce que nous con-*
„ *noissons du Monde, l'Intelligence la plus*
„ *parfaite ne peut rien produire de si di-*
„ *gne de sa sagesse, ni de si bien appro-*
„ *prié aux vûes les plus exquises, qu'un*
„ *concours de Causes aveugles n'en puisse*
„ *rencontrer autant.* Et que dis-je? l'ex-
„ pression est trop au dessous du vrai;
„ un autre tour fera mieux entendre ma
„ pensée. Je prens l'espace qu'il y a de-
„ puis la terre jusqu'à l'étoile la plus
„ éloignée, que nous puissions décou-
„ vrir à l'aide d'un excellent télescope;
„ & comme c'est encore bien peu de
„ chose pour quelqu'un qui ne s'éton-
„ ne point des masses, je prens un au-
„ tre espace qui soit à celui-ci, ce que
„ celui-ci est au dernier atome que le
„ microscope fasse appercevoir. C'est
„ ce

„ ce que j'appelle *le Monde*: nous som-
„ mes bien loin d'en connoître tant.
„ Ce Monde, je le suppose ensuite si
„ parfaitement organisé, qu'il n'y ait,
„ dans tout l'espace qu'il contient, un
„ seul objet, si délié qu'il soit, qui ne
„ renferme plus de merveilles, qu'un
„ million de volumes, tels que les
„ THÉOLOGIES *physique, astronomi-*
„ *que, de l'Eau, des Insectes &c*, n'en
„ pouroient détailler à leurs Lecteurs.
„ Eh bien, poursuit Théotime, je m'en-
„ gage à prouver, & à prouver, non
„ par de gros livres, mais en peu de
„ pages, à prouver mathématiquement
„ & intelligiblement, *que non seulement*
„ *il est possible, mais qu'il y a même l'in-*
„ *fini à parier contre un, que le Hazard*
„ *d'Epicure* (si l'on en passe la supposi-
„ tion; si l'on accorde à l'Athée une
„ matiere mue sans regles ni loix quel-
„ conques;) *rencontre ce bel Ouvrage,*
„ *& peut même rencontrer mieux.* Que
„ de-

„ deviennent toutes les Théologies *à la*
„ *Derham?* „

Vous avez entendu, Messieurs. Si vous me demandez maintenant ce que je pense de cet étrange Paradoxe, & des raisonnemens dont Théotime l'appuye, j'aurai l'honneur de vous répondre, que mon témoignage sur ce sujet est inutile, puisqu'il ne peut manquer d'être suspect. Un Mémoire ou deux, d'une étendue fort médiocre, suffisent pour vous mettre au fait. Encore un coup, il ne s'agit que de voir s'il convient de les produire.

Là-dessus je reprens ma Question. Des idées telles que celles de Théotime doivent-elles être produites? Ou supposé qu'elles puissent être produites dans le secret à une Société de Sages peu nombreuse, le peuvent-elles être au grand jour? Si à l'examen que vous en feriez, elles vous paroissoient destituées de fondement, toute difficulté sans doute cesseroit. Mais si elles alloient vous paroître, ou tout-à-fait démonstratives, ou d'un spécieux si éblouissant, que sans vous laisser convaincre, (je ne vais pas si loin,) vous avouassiez néanmoins que vous ne savez comment démêler l'erreur; quelle résolution prendriez-vous? Seroit-ce d'ensevelir la chose dans le silence; ou bien croiriez-vous la devoir porter au tribunal du Public, afin qu'il en jugeât?

Un Exemple récent ne peut vous laisser ignorer combien ce dernier parti seroit dangereux. Vous comprenez tous que je veux parler de l'excellente *Dissertation* de notre illustre Président, précisément sur le Sujet dont il s'agit, *sur les Preuves de l'existence de Dieu tirées des Merveilles de la Nature*. Quelles indignes clameurs n'a point excitées cette Piece, lorsqu'elle parut, d'abord dans vos *Mémoires*, & ensuite à la tête de sa *Cosmologie*! Cependant le cas de M. de Mau-

Maupertuis étoit sans comparaison moins désavantageux, que n'est celui de Théotime. Les intentions de ce grand Homme ne pouvoient être suspectes, au lieu que ce Théotime est un inconnu, qui n'a d'autre recommendation, ou plûtôt d'autre caution que la mienne. La disparité par cela seul est extrême. Mais si elle est extrême par la considération de la personne, que n'est-elle pas par celle de l'entreprise? M. de Maupertuis s'est contenté, avec des ménagemens infinis, d'infirmer quelques preuves de l'existence de Dieu, en y en substituant une autre, la plus admirable & la plus décisive, en genre de preuves physiques, qu'on ait imaginée. Car qu'y a-t-il qui semble caractériser mieux une souveraine Intelligence; qu'y a-t-il qui semble exclurre plus nécessairement un Hazard aveugle, qu'une Loi d'œconomie parfaite, constamment observée dans les plus petits comme dans les plus grands effets de la Nature ? Que prétend Théotime ? O hardiesse inconcevable ! Rappellant presque au seul sentiment intérieur les motifs de la créance d'un Dieu, il sappe toutes les preuves directes & absolues de cette Vérité ; il prend celles de ces preuves qui sont le plus accréditées, le plus à la portée des Peuples, les preuves physiques, & les réduit toutes à l'absurde par un seul Principe mathématique ; enfin cette *moindre Action* de la Nature ; cette preuve si belle, si sublime, (sans en contester le fond,) il l'enveloppe dans la ruine de toutes les autres, en montrant *que non seulement le Concours fortuit d'Epicure peut, mais qu'il doit, oui, qu'il doit infailliblement atteindre là*.

Spécieuses ou vrayes, si nous produisons, Messieurs, de pareilles idées, nous devons nous attendre au soulévement d'un nombre prodigieux d'esprits,

prits, & aux plus odieuses imputations. Toûjours donc dans l'hypothese qu'elles soyent, ces idées, ou démonstrativement vrayes, ou souverainement spécieuses, est-il à propos de les produire ? J'ai promis d'en dire mon avis particulier. Le voici, revêtu des plus puissantes raisons dont je le croye autorisé.

[On peut se rappeller ici le Discours, qu'on a lû Tome I ; & l'on concevra sans peine, que si le Discours ne tiroit pas un médiocre intérêt de ce Morceau, de son côté ce Morceau-ci ne tiroit pas non plus un poids médiocre du Discours où il se trouvoit. Je ne vis cependant point que le tout fit l'effet que j'en attendois. L'indifférence avoit au moins cela de bon, que c'étoit une marque que personne ne s'étoit scandalisé : on ne s'en avisa qu'au bout de quelque tems ; mais bientôt, (des nuages s'étant élevés d'une tout autre cause) tel, qui d'abord *eût plûtôt trouvé à redire chez moi l'onction du style, & des tours plus convenables à un Missionnaire, disoit-on, qu'à un Académicien*, se mit à me

décrier

décrier, & à me prêter les intentions les plus odieuses. Je pris le parti de laisser là une Matiere si délicate; & j'y persistois, si au bout de deux ans, dans une conjoncture où les *Pensées sur la Liberté*, & le *Diogene* renouveloient des alarmes affectées, un trait où je crus qu'on avoit en vûe ce Morceau-ci, n'eût occasionné les Lettres suivantes, qui sont une vraye Démonstration, tant du Paradoxe de Théotime, que de l'ingénuité de ses sentimens.]

LETTRES
SUR LE PRINCIPE DES EPICURIENS.

PREMIERE LETTRE.

Monsieur,

Permettez-moi quelques réflexions sur l'espece de *Théologie de l'Oeil*, dont vous nous donnâtes l'Essai Jeudi dernier.* Je vous les aurois envoyées plûtôt, sans une fluxion, justement sur les yeux, qui m'a fait beaucoup souffrir depuis quelques jours. Tandis que vous criez merveille sur cet Oeil où se trouvent résolus trois beaux Problèmes, moi voilà sept ans que je me récrie sur la pitoyable foiblesse d'un organe si nécessaire, qu'une légere humeur me rend presque inutile, & dont je ne puis la plûpart du tems me servir sans des douleurs inconcevables.———— **

* 22 Août 1754.

** Je retranche ici deux lignes, dont le sens offroit, je l'avoue, une allusion, qui toute

Quoiqu'il en soit, je l'ai soûtenu, Monsieur, il y a déjà pour la premiere fois près de deux ans, en pleine Académie, & vos raisonnemens ne m'en font point dédire; *toutes ces Théologies physiques, aussi poussées & aussi détaillées que vous voudrez, ne feront jamais qu'un pur Sophisme.* Elles ont toutes, en gros & en détail, le défaut essentiel, de supposer qu'il ne s'agit que d'un jet unique, dans un petit champ borné, pour produire l'effet dont on parle; au lieu qu'il s'agit d'une infinité d'infinités de jets, dans une infinité d'infinités de champs pareils à celui que l'on considere; l'Oeil, par exemple, ce merveilleux organe, qu'on ne peut, dites-vous, *sans être extravagant & stupide*, regarder comme un effet possible du Hazard. Vraiment oui, Monsieur, que la matiere composante de l'Oeil soit mûe au hazard

enveloppée qu'elle fût, n'étoit pas moins inexcusable, & que je reconnus telle dès qu'un peu de ressentiment fut passé.

zard dans le champ de l'orbe en tous sens, il y a comme l'infini à parier que la combinaison qui fait l'Oeil ne se rencontrera point du premier coup, ni du second, ni du troisieme, ni du millieme &c, quoiqu'il y ait pourtant une légere possibilité: mais, (pésez ceci, je vous en conjure,) en une infinité d'infinités de champs, ou de portions d'espace égales à l'espace de l'Oeil, il y a l'infini réellement à parier que la chose arrive. Il est alors, je dirois presque comme vous, aussi *extravagant*, aussi *stupide*, & même beaucoup plus, de prétendre qu'elle n'arrivera pas, que de prétendre qu'elle arriveroit du premier coup. Oseriez-vous nier, que ce ne soyent là, Monsieur, les plus simples élémens de l'*Art combinatoire*?

J'applique à l'Univers entier ce que je viens de dire de l'Oeil. Vous trouvez dans cet Oeil trois admirables Problèmes; & moi, sans Algebre, je tiens qu'il

y

y a dans chaque petite fibre de l'Oeil, & dans chaque goute de ses fluides, bien plus de trois, bien plus de mille beaux Problèmes, exactement résolus & sagement exécutés. J'en suppose autant, si vous voulez, dans chaque petite particule de l'Univers, cent millions de fois plus petite que la derniere qui soit perceptible au microscope; & cela dans un espace cent millions de fois plus grand, que la distance de la terre à la derniere étoile perceptible au télescope. Cet Univers, non plus que l'Oeil, n'est qu'un petit corps borné pour un Philosophe à qui les masses n'en imposent point; un atome dans l'infini. Si vous passez à l'Epicurien, par voye de concession, qu'un nombre déterminé de corpuscules, qui ont un nombre déterminé de combinaisons, se meuvent au Hazard dans chaque espace pareil, l'Athée tient tout. Les déclamations, Monsieur, & les lieux-communs des *Théologies physiques*, ne font

font plus l'objet que de fa rifée. L'Univers organique va fortir quelque part dans l'Immenfité, ou tôt ou tard dans l'Eternité, d'un mouvement aveugle & fortuit. Il y a l'infini, & l'infini de l'infini, à parier que la chofe arrive, & qu'elle arrive des millions de millions de fois; c'eft bien peu dire.

Appellons l'efpace de l'Univers S, & le nombre des combinaifons de fes corpufcules N. Vous voyez que dans l'efpace SN, il y aura un contre un à parier que la combinaifon qui fait cet Univers fe rencontre quelque part; & que dans un efpace SNN, il y aura N à parier contre un; & dans l'efpace SN$^\infty$ il y aura l'infini contre un; & dans une durée infinie il y aura l'infini de l'infini. Y a-t-il Mathématicien capable de fe refufer à cette preuve?

J'aurois honte d'entrer ici, Monfieur, dans le détail que je prépare à la multitude ignorante des Déclamateurs, que je veux réduire au silence, ou contraindre à puiser enfin dans les sources de la vraye Métaphysique, ou *du Bon-sens réfléchi*, comme je l'appelle. Un mot vous suffira. Je prens la syllabe *ar*; la premiere de l'Enéide. Ces deux lettres *a* & *r* n'ont que deux combinaisons. Les tirant au hazard, il y a autant à parier que j'amene la syllabe *ar* que la syllabe *ra* : mais en mille coups il y a mille à parier que je rencontre *ar*. Disons la même chose du premier mot *arma* : disons-le du premier vers : disons-le du premier livre : disons-le de toute l'Enéide : disons-le de tout Ouvrage d'une étendue finie : disons-le de cet Oeil merveilleux, & du Monde visible à l'Oeil. Que devient le beau lieu-commun de Cicéron, tant & si pitoyablement rebattu ? * Non, Monsieur, non; ce n'est point

* Sur les Lettres de l'Alphabet jettées au hazard, *Traité de la Nature des Dieux*, L. II. §. 37. Je le rapporte en entier, & en fais l'examen, dans une autre Piece ci-dessous.

point l'Oeil corporel qui portera jamais en foi, ni qui verra jamais, dans ce chétif espace qu'il découvre, des caracteres bien décififs de la Divinité. C'est l'Oeil du Métaphyficien qui découvre un Univers, infini en étendue comme en durée, organique jufques dans fes infiniment petits. Mais cet Oeil découvre l'Ouvrier avant l'Ouvrage; & tant s'en faut que ce foit l'Ouvrage qui le conduife à l'Ouvrier, c'est l'idée de l'Ouvrier qui lui donne celle de l'Ouvrage. Voilà pourquoi je ne ceffe de crier, que c'est des mains de la Métaphyfique, de cette Métaphyfique que vous méprifez fi fort, que l'on doit recevoir les Principes fondamentaux de la Religion & de la Morale, & jufqu'à votre fuperbe Mathématique. Je lui prépare, à cette Métaphyfique fi dédaignée, je lui prépare, Monfieur, le plus grand & le plus folide de fes triomphes, dans ce *Traité du Hazard,**

___

* C'est l'Ouvrage dont celui *du Hazard fous l'empire de la Providence* est l'introduction.

objet de tant de railleries, & que vous entrevoyez d'ici n'être rien moins que la ruine de toutes les *Théologies, physique, astronomique, optique, &c.* Extravagant & stupide, soit; l'on verra si je suis dans le cas de mériter de si beaux titres. Vous auriez bien dû prendre un ton plus doux, en attendant l'accomplissement de mes promesses. Il me semble, si je ne me hâte point, que je ne laisse pas au moins de tenir quelque chose de jour à autre.

Qu'on cesse donc de me railler, & plus encore de noircir mes intentions. De quelque maniere qu'on les interprete, il est toûjours vrai qu'elles sont dirigées à la plus grande gloire de la saine Religion que je professe, & de l'excellent Dieu que j'adore; d'un Dieu qui m'est une preuve de la beauté de l'Oeil, & non l'Oeil de sa puissance. J'ose vous sommer, Monsieur, de renverser les réflexions de cette Lettre, & suis très parfaitement,&c.

PS.

P. S. Encore un mot, s'il vous plaît, Monsieur, à l'occasion de ces Epithetes, *extravagant*, *stupide*, qui me tiennent au cœur. Il est clair qu'elles ne tombent point en général sur ceux qui croyent un peu à l'efficacité du Hazard, ou qui nient la validité des preuves physiques; car c'est la même chose. Nier la validité des preuves physiques, c'est avouer qu'on ne juge pas impossible qu'un Hazard ait tout produit, pour le moins si l'on ne sait déjà par la Métaphysique, qu'il n'y a point de Hazard; ou que c'est un Dieu qui a produit toutes choses, soit qu'il y ait un Hazard ou non. Oh bien vos Epithetes ne tombent donc point en général sur ces gens-là, puisque par un ménagement, très légitime pour l'illustre Auteur de la *Cosmologie*,*

vous

---

* Notre illustre Président dans l'Avant-propos s'exprime ainsi. „Pour mieux faire connoître „ l'abus qu'on a fait des preuves de l'existen- „ ce de Dieu, examinons celles-mêmes qui
„ ont

vous reconnoissez que toutes ces preuves physiques vagues, où n'entre point l'observation de quelque *maximum* ou de quelque *minimum*, sont défectueuses. Il n'y a ni extravagance ni stupidité à trouver mauvaises des preuves que M. de Mau-

„ ont paru si fortes à Neuton. *L'uniformi-*
„ *té,* dit - il, *du mouvement des Planetes*
„ *prouve nécessairement un Choix. Il n'étoit*
„ *pas possible qu'un Destin aveugle les fît tou-*
„ *tes mouvoir dans le même sens, & dans*
„ *des Orbes à-peu-près concentriques.* Neu-
„ ton pouvoit ajoûter à cette uniformité du
„ mouvement des Planetes, qu'elles se meu-
„ vent toutes presque dans le même plan.
„ La Zone dans laquelle tous les Orbes sont
„ renfermés ne fait qu'à-peu-près la 17e
„ partie de la surface de la Sphere. Si l'on
„ prend donc l'Orbe de la terre pour le
„ plan auquel on rapporte les autres, &
„ qu'on regarde leur position comme l'effet
„ du Hazard, la probabilité que les cinq
„ autres Orbes ne doivent pas être renfer-
„ més dans cette Zone, est de 17^5-1 à 1.
„ c'est-à-dire de 1419856 à 1. Si l'on
„ conçoit comme Neuton, que tous les
„ Corps

Maupertuis & vous, convenez n'être pas bonnes. Ce n'est donc que l'obſervation du choix d'un parti extrême, & d'une perfection unique, qui ſelon vous exclud bien formellement le Hazard. Mais il n'y a que moi, Monſieur, qui

„ Corps céleſtes ſe meuvent dans le Vuide,
„ il eſt vrai qu'il n'étoit gueres probable
„ que le Hazard les eût fait mouvoir com-
„ me ils ſe meuvent. Il y reſtoit cependant
„ quelque probabilité, *& dèslors on ne*
„ *peut pas dire que cette uniformité ſoit l'effet*
„ *néceſſaire d'un Choix.* „

J'oſe ajoûter à cette excellente Remarque, qu'en un eſpace 1419856 fois plus grand que l'eſpace planétaire, la probabilité que ce mouvement ſe trouveroit quelque part, vient au pair, & que dans un eſpace, encore 1419856 fois plus grand que celui-ci, la chance eſt retournée au point que c'eſt Neuton qui eſt dans le même degré de désavantage, où l'Epicurien étoit d'abord. Quelque prodigieux que ſoit le nombre des combinaiſons poſſibles d'un nombre de corpuſcules, il y a toûjours de l'étofe, dans l'Eternité & dans l'Immenſité, pour remettre

aye encore articulé que cela-même ne l'exclud point; entr'autres dans mon Discours du 19 Octobre 1752, en ces termes. ,, Enfin cette moindre Action de ,, la Nature, cette preuve si belle, si ,, sublime, (sans en contester le fond,) ,, *je* l'enveloppe dans la ruine de toutes ,, les autres, en montrant que non seulement le Concours fortuit d'Epicure ,, peut, mais qu'il doit, oui, qu'il doit ,, infailliblement atteindre là. ,, Vous voyez si je n'ai pas quelque lieu de croire au pair la probabilité de telle combinaison singuliere que ce puisse être, & le pair ratrappé, se donner ensuite autant d'avantage que l'on avoit de désavantage, & ainsi à l'infini. *Il n'y a point de nombre si grand qui ne soit petit dans l'infini; & une infinité-même d'infinis sont infiniment petits, à l'égard d'infinis supérieurs.* Qui ne sait pas cela, comme il le faut savoir, c'est-à-dire sans effort, sans contention d'esprit, n'est pas digne de raisonner. Mais qui le sait, & ne raisonne point en conséquence; est-il plus digne de raisonner?

re que c'est à moi que vous en voulez, impatienté peut-être que je n'aye point tenu parole. Je vous remercie de ce coup d'éperon. Ayez la bonté, Monsieur, vous ne pouvez vous en dispenser, de répondre à ce léger Essai qu'il tire de moi; mais n'oubliez pas, je vous en prie, qu'il ne vous faut point sortir des bornes du Mathématique & du Physique. Dès que vous touchez le Métaphysique, vous ne disputez plus contre moi; vous rentrez dans mon Principe, *que c'est des mains de la Métaphysique, qu'il faut recevoir les preuves de l'existence de Dieu, si l'existence de Dieu a besoin de preuves.* Quand la Métaphysique a prouvé qu'il n'y a point de Hazard, ou que s'il y a un Hazard, l'existence certaine de Dieu ne lui laisse qu'une influence subordonnée dans la disposition des choses, les preuves physiques, supposé même qu'elles fussent aussi régulieres qu'elles sont fausses & sophistiques, ne pouroient plus servir à rien. Mais elles ne sont que Sophisme pur, ces fameuses preuves, & elles déshonorent selon moi la Divinité. L'Immensité est bien vaste, & l'Eternité bien longue. Il y aura donc toûjours l'infini à parier encore un coup, que quelque part dans l'une & tôt ou tard dans l'autre, certains petits espaces, d'un pouce par exemple, ou de cent mille millions de fois la distance de la terre aux étoiles fixes, s'organiseront, ou rencontreront une combinaison réglée dans le mouvement fortuit des corps, tandis que l'Immensité demeurera un vrai chaos. Ces petits Phénomènes particuliers, qui subsisteront une seconde, ou dix-mille ans, (la différence n'est pas bien grande,) ne sont donc pas même propres à prouver une Sagesse bornée. Le seul Ouvrage digne, Monsieur, d'une infinie Sagesse, *c'est l'espace immense des Possibles, organisé constam-*

ment

ment de toute éternité, depuis sa totalité complette, jusqu'à ses infiniment petits du dernier ordre. Voilà le Monde de mon Dieu: voilà le Monde, voilà le Dieu de mon extravagante & stupide Métaphysique. Le Mathématicien y atteint-il?

A Berlin, ce 28 Août 1754.

SECONDE LETTRE.*

Monsieur,

Si une saine Métaphysique ne nous démontre qu'il n'y a point de Hazard, ou que s'il y a un Hazard, l'infinie Sagesse, & même les Intelligences bornées, ne lui laissent que peu d'influence, en ce qu'elles réalisent *partout*

&

---

* La Réponse à la Lettre précédente, au bout de dix jours, savoir le 6 Septembre, fut un simple Billet, où l'on me mandoit *qu'on avoit reçu une Lettre signée de mon nom; qu'en cas qu'elle fût de moi, on m'assuroit n'avoir pas même pensé à moi dans l'occasion dont il s'agissoit; mais qu'on ne pouvoit croire que cette Lettre fût de moi.* „ Car s'il est probable que le „ seul Hazard puisse produire des yeux, il „ est infiniment plus probable qu'il puisse „ produire quelques pages remplies d'écri„ ture. Or ce qui est infiniment plus pro„ bable que ce qui est probable, est indu„ bitablement certain. Il est donc indubi„ tablement certain que la dite Lettre n'est „ qu'un Ouvrage de pur Hazard, & que „ vous n'y avez aucune part. „ Je crus devoir la replique qui suit.

& *toûjours*, ce qu'il ne réaliferoit que *quelquefois* & *quelquepart*, dans la totalité, foit des tems, foit des lieux; fi, dis-je, Monfieur, la Métaphyfique n'avoit parfaitement éclairci ce point, il ne feroit en vérité pas impoffible, que la Lettre que vous avez reçue le 28 du mois dernier, fût un effet du Hazard. Elle démontre fi bien, cette Lettre, qu'abftraction faite de l'exiftence de Dieu, un concours fortuit de corpufcules, fuppofés en action, doit infailliblement produire, *quelque part dans l'Immenfité, & tôt ou tard dans l'Eternité*, diverfes fortes d'Ouvrages *finis*, tel que l'Oeil, & le Monde vifible à l'Oeil, qu'à plus forte raifon pouroient-ils, comme vous dites, remplir quelques pages d'écriture. Il fe pouroit même que ces pages continffent de quoi mettre en défaut la fagacité d'un grand Géometre; jamais celle d'un vrai Métaphyficien. Cependant comme vous êtes dans le cas auffi bien

bien que moi, de croire (fur de bonnes ou de mauvaifes raifons, n'importe;) un Dieu ordonnateur, & des Intelligences fubordonnées dont l'Ame humaine eft une efpece; Vous ne pouvez, Monfieur, révoquer en doute que la Lettre que vous avez reçue ne foit de moi qui vous le certifie. Voyez-vous; je ne crois pas, moi partifan du Hazard, que la courte & finguliere Réponfe que je reçois dix jours après, au moment que je ne m'y attens plus, foit l'effet du Hazard. Je la tiens bien de vous, & elle n'eft que ce qu'elle peut être : point de replique à ce qui n'en a point; mais il eft dans l'ordre de fe fâcher un peu dans l'étrange défilé où je vous mets. Vous n'en agîtes pas de même il y a près de deux ans, quand j'expofai ma penfée fans démonftration, en termes fi forts, fi énergiques, dans un Difcours rempli de chofes obligeantes pour vous. Vous ne me trouvâtes ni *extravagant* ni
ftupide :

stupide: vous craignîtes seulement que je ne me fusse trop avancé. Aujourd'hui que ma Métaphysique vient vous battre sur votre terrein, armée de vos propres armes, qu'elle manie si heureusement, il vous plaît, Monsieur, d'affecter un dédaigneux silence. Entrons en composition. Un peu piqué de vos Epithetes, je me suis emporté jusqu'à vous *sommer* de me répondre. Je me restrains à vous en supplier bien instamment. Au nom de Dieu, ne me donnez point le chagrin, que je n'ai déjà que trop reçu, de voir qu'au lieu des lumieres que j'attendois de plusieurs de mes illustres Confreres, je n'éprouve qu'aliénation, railleries, dédains. Mon zele & mes efforts, Monsieur, méritoient mieux. Il est facile de distinguer un mépris feint, d'un mépris réel. On ne peut ne pas sentir sa force. Quand je démontre, je sens bien que je démontre; & quand on ne me répond

répond pas, je sens bien pourquoi l'on ne me répond pas, ou si l'on ne me répond que par des traits désobligeans, pourquoi l'on ne me paye pas de meilleure monnoye. Ne soyons point injustes. Quant à moi, je déclare avec sincérité que je vous tiens au rang des plus grands Génies en beaucoup de genres. Mais ne trouvez pas mauvais que je ne vous croye pas fort en un genre que vous méprisez, & qui fait ma plus sérieuse occupation depuis vingt ans. Ce sont les Sentimens avec lesquels j'ai l'honneur d'être, sans me départir de ma franchise accoûtumée &c.

Le 7 Septembre 1754.

TROISIEME LETTRE.*

Monsieur,

J'avois dessein de ne vous plus importuner ; & même j'y persiste encore,
en

* Je reçus le lendemain la Lettre suivante, dont cette 3e. est la Réponse. „ Monsieur, après
„ vous avoir assuré que je n'ai point pensé
„ à vous, je vous assure également que je
„ n'ai point été fâché de vos Lettres. Je
„ vous avoue franchement que vos Pensées
„ *libertines* sur la Religion m'ont causé de
„ l'Horreur, comme à tous les honnêtes
„ gens. Mais connoissant votre cœur, je
„ vous estime, je vous aime, & je vous
„ plains. Je ne prétens point que vous soyez
„ du même sentiment que moi, & je vous
„ prie de m'accorder la même liberté, sans
„ m'engager en dispute avec vous. J'ai trop
„ bonne opinion de votre fermeté pour me
„ croire capable de l'ébranler. Vous vous
„ plaignez qu'on ne vous répond point,
„ mais j'ai toûjours remarqué qu'on n'est ja-
„ mais plus prompt à répondre, que quand
„ on ne peut pas répondre. Pour moi je
„ me

en vous suppliant de ne vous donner point la peine de répondre à cette Lettre,

„ me soûmets volontiers à une humble igno-
„ rance à l'égard du grand Mystere de la
„ Rédemption, qui me fournit cependant une
„ pleine consolation. Quand notre Sauveur
„ *benit le Pere de ce qu'il a caché ces choses*
„ *aux Sages & aux Prudens, & qu'il les a ré-*
„ *vélées aux Enfans*, je me range avec soû-
„ mission sous cette derniere classe, en lais-
„ sant le glorieux titre de Sages & de Pru-
„ dens à d'autres. Et quand notre Sau-
„ veur nous assure *que personne ne connoît le*
„ *Pere que le Fils, ou celui à qui le Fils l'au-*
„ *ra voulu révéler*, j'ai de la peine à croire
„ que ce soyent les Métaphysiciens qui pos-
„ sedent les meilleures preuves de l'existence
„ de Dieu. Réfléchissez un peu plus mûre-
„ ment sur ces Passages, qui me semblent
„ fort propres à supprimer toute présomp-
„ tion de notre propre sagesse, qui n'est que
„ folie lorsqu'il s'agit des Mysteres de la Di-
„ vinité. C'est en véritable Ami que je vous
„ donne ce conseil, en vous assurant de la
„ très parfaite estime & amitié, avec la-
„ quelle j'ai l'honneur d'être &c. *Ce 8 Sep-*
„ *tembre 1754.* „

tre, à moins que vous n'en ayez bien envie. Mais j'ai crû que je ne pouvois me difpenfer de vous l'écrire, pour vous témoigner ma fincere reconnoiffance des marques d'eftime, d'amitié, & de compaffion même, dont vous m'honorez, & pour vous remercier de vos fages confeils. Puifque vous connoiffez mon cœur, Monfieur, il n'eft pas poffible que cette *Horreur* que vous caufent quelques-unes de mes Penfées fur la Religion, foit bien grande. N'y auroit-il point ici un peu de cette Mer,

qui s'appaife & qui gronde?*

Quant aux honnêtes-gens que j'ai confultés, j'en ai vûs un affez bon nombre qui m'ont marqué beaucoup de fatisfaction. D'autres à la vérité me trouvent un peu téméraire, ou défapprouvent la vivacité

---

* *Henriade*, Chant 6ᵉ. ──── Plein de l'ardeur
    Que le combat encore enflammoit dans fon
      cœur,
    Semblable à l'Océan qui s'appaife & qui
      gronde &c.

vivacité de quelques tours ; mais je n'ai vû d'Horreur nulle part, si peu que la plûpart se prêtent même à répandre mon Livre ; c'est de quoi me tranquiliser.* Vous amenez ici, Monsieur, le Mystere de la Rédemption ; j'avoue que je ne sais ce qu'il fait à notre Sujet. Je me suis assez expressément déclaré Disciple de Jésus-Christ, mais en homme qui n'est ni de Paul ni d'Appollos. De savoir si l'on peut conclurre de la Doctrine de notre divin Maître *que ce soyent les Métaphysiciens qui possedent les meilleures preuves de l'existence de Dieu*, vous me permettrez de vous dire que l'argument n'a de force que contre vous, qui n'admettez de preuves physiques que celles

---

* Il s'agit des *Pensées sur l'Homme*, ou du *Diogene*, à la fin duquel sont les *Pensées* prétendues libertines *sur la Religion*. La premiere Edition de cet Ouvrage, faite à mes frais, a été entiérement débitée par l'entremise de mes Amis, & de diverses Personnes respectables, qui sans approuver tout ont bien voulu s'y intéresser.

celles où entre l'observation d'un *maximum* ou d'un *minimum*. Oh je vous protefte bien qu'il n'y a point d'enfant, à qui je ne fiſſe ſaiſir les preuves d'une ſaine Métaphyſique, avant qu'il ait pû comprendre vos preuves phyſiques, étayées des calculs les plus ſublimes. Mais comment oubliez-vous, Monſieur, ce que j'ai tant répété dans l'Académie, dans mes Ouvrages, & juſques dans ma premiere Lettre, „ qu'à proprement
„ parler, ſelon moi, l'exiſtence de Dieu
„ n'a point beſoin de preuves; qu'un
„ Sentiment ſupérieur à toutes les preu-
„ ves, auſſi bien qu'à toutes les difficul-
„ tés, *l'établit dans les cœurs ſimples &*
„ *droits*; qu'il eſt auſſi ridicule d'en ap-
„ porter des preuves en forme, que
„ d'allumer de foibles Bougies pour fai-
„ re voir le Soleil, ou de multiplier des
„ flambeaux, qui par l'épaiſſe fumée
„ qu'ils exhalent, & leurs fauſſes lueurs,
„ ne ſervent qu'à rendre l'éclat du jour

„ douteux

,, douteux & incertain. ,, Je vous demande si cette Doctrine du Sentiment; d'un Sentiment, Monsieur, éprouvé par le Simple, de même & mieux peut-être que par le Philosophe; n'est pas plus conforme à la Doctrine de Jésus-Christ que votre Algebre. Croyez-vous que le Fils, *pour révéler le Pere à qui il veut*, embarasse les têtes de ses Elus de Mathématiques & de Physique, plûtôt que de leur toucher le cœur par un Sentiment intime. Voilà ce que m'a dit une mûre réflexion sur le Passage que vous citez..... Je tranche de trop longs discours, qui ne peuvent que vous être très importuns; & suis, sans attendre, ni demander la moindre réponse, avec un profond respect &c.

Le 9 Septembre 1754.

QUATRIEME LETTRE.*

Monsieur,

Je profiterai avec un sensible plaisir de vos Réflexions. C'est dans ce commerce réciproque que consiste la société Acadé-

---

* La Lettre précédente n'eut point de réponse : mais environ trois semaines après, je reçus d'une autre main diverses Réflexions, la plûpart étrangeres à mes sentimens. Elles venoient d'un jeune-Homme de beaucoup de mérite, Commensal & Disciple de l'illustre Philosophe, qui ne jugeoit point à propos de se mesurer avec un Adversaire trop inégal. Ce jeune-Homme ayant été aggrégé à l'Académie depuis quelques jours, entra sur le champ dans la lice. Le résultat de ses Réflexions étoit, que si le Hazard doit rencontrer la combinaison qui fait un Monde, il doit aussi rencontrer la combinaison qui feroit un Dieu, *la Puissance, la Force, la Permanence, la Bonté, la Justice &c.* & qu'on peut réduire, par cela-même, l'Epicurien à reconnoître un Dieu, sans autres preuves métaphysiques. Je fis la réponse suivante.

Académique, & son utilité ; non dans de froides ou de rapides Lectures, qui demeurent absolument sans conséquence. Mais je demande que nous commencions par conférer de vive voix (pour éviter les redites & les longueurs) sur votre Lettre & sur celles qui y ont donné occasion. Il faut voir si nous nous entendons bien ; j'en doute un peu. Ce que j'ai l'honneur de vous protester ici, c'est que je ne crois point du tout que le Hazard puisse produire la Pensée, ni le plus petit degré de Sentiment ; encore moins un Dieu, comme vous semblez le conclurre. Je soûtiens seulement, Monsieur, qu'abstraction faite des lumieres métaphysiques, & posant une matiere mûe au hazard, il y auroit l'infini à parier, qu'il s'en formeroit quelque part des Mondes organisés, semblables au Monde visible. D'où il est clair, que toutes les preuves de l'existence de Dieu uniquement fondées sur les perfections

fections du Monde visible, ne sont, sans le secours d'une saine Métaphysique, que purs Sophismes. En vérité l'on sera convaincu dans peu, que je ne fais rien moins que prêter des armes à l'Athéisme. Si vous allez cet après-midi chez notre digne Pasteur M***, je m'y trouverai, & nous commencerons à raisonner, ou chez lui, ou en sortant. J'ai l'honneur d'être avec toute l'estime possible, Monsieur & très cher Confrere, &c.

PS. Votre visite, où je vous ai lû cette Lettre, ne m'empêche point de vous l'envoyer. Je suis bien aise, Monsieur, qu'elle demeure entre vos mains, comme un témoignage de mes véritables Sentimens. Maintenant que je vous ai mieux compris, j'ajoûte;

1°. Que votre Réflexion ne fait rien contre moi, qui nie très fort que le Mouvement, *fortuit ou non*, puisse produire la Pensée. Mais ce n'est point l'observation de la Nature qui apprend cela; c'est une saine Métaphysique. L'Histoire naturelle, toute seule, y nuit bien plûtôt, à cause de cette dépendance des corps où se trouvent nos facultés.* Donc, encore un coup, les preuves physiques de l'existence de Dieu, sans Métaphysique, ne sont d'aucun poids.

2°. Quant à l'Epicurien, qui croit que la Pensée peut résulter d'une certaine combinaison des corps, vous ne tenez rien non plus contre lui. Vous prétendez que son propre Hazard lui fasse un Dieu, aussi bien qu'un Monde. *La combinaison,* dites - vous, *qui renferme tous les attributs de la Divinité, infinie Sagesse, infinie Puissance, &c. doit se trouver quelque part.* Oui, si c'est une com-

---

* De là vient qu'on a toûjours accusé la plus grande Partie des Physiciens habiles, & des Médecins surtout, de donner dans de Matérialisme.

combinaison possible ; discussion métaphysique à laquelle on revient nécessairement.

« Voyez donc, Monsieur, combien mon Principe est sûr; *Que c'est des mains de la Métaphysique qu'il faut recevoir les Vérités fondamentales.* De quelque façon que l'on s'y prenne, il est toûjours force d'y revenir.

Ce 29 Septembre 1754.

CINQUIEME LETTRE.*

Monsieur,

Nous sommes d'accord; voilà ce que c'est que de s'entendre. Je suis ravi que l'exposition toute simple de ma Doctrine, vous ait conduit si vîte à l'une de ses plus importantes Conséquences. Ce que Bayle a remarqué en plusieurs endroits,

(entr'au-

---

* Dans la réponse à la Lettre précédente, en suite des éclaircissemens que j'avois ajoutés de vive voix, on se rabattit à faire produire au Hazard, non plus *un Dieu tout-puissant, mais assez puissant pour avoir l'empire de notre Globe, y présider & le régir à sa volonté,* tel qu'eussent été les *Dieux de Lucrece,* s'il leur eût attribué l'activité au lieu de la nonchalance où il les tenoit. Or c'est justement la foudroyante batterie que je prépare depuis lontems contre l'Incrédulité & contre la Crédulité tout à la fois : contre la Crédulité, en établissant *qu'il n'y a si grands Miracles qui puissent prouver, comme venant de Dieu, une Doctrine opposée à une saine Métaphysique*; contre l'Incrédulité, en lui montrant *qu'il n'y a Contes si puériles,* (entr'autres, si je ne me trompe, à la note Q de l'article *Spinosa*,) *que les Epicuriens n'ont aucun droit de faire les esprits-forts sur les Apparitions, les Revenans, les Démons &c,* est chez moi d'un usage dont il ne pouvoit pas être entre les mains d'un homme tel que Bayle. Cet usage est *d'égorger* l'Incrédulité par ses propres armes; la figure n'est point trop forte. Je les ai bien affilées, ces armes: mais c'est l'usage que j'en veux faire qu'il faut attendre. Vous alliez trop loin de prétendre, Monsieur, qu'on pût par la Doctrine-même du Hazard parvenir à une Démonstration du vrai Dieu. Qu'est-ce qu'un Dieu, qui n'auroit pas toûjours été? qui ne seroit que dans

riles, dont sans le secours de cette saine Métaphysique elle ait droit de nier la réalité & l'authenticité: deux Points de vûe capables, si les Hommes daignent les suivre, d'occasionner la plus complette révolution dans le tour de leurs pensées. Cette Lettre en est un léger essai.

dans quelque coin de l'Immensité? & qui risqueroit de se détraquer d'un instant à l'autre par le même mouvement fortuit qui lui auroit donné naissance? un Dieu d'ailleurs qui pouroit avoir nombre de rivaux, & s'en voir naître à tous momens dans quelques coins de l'Immensité? Mais pour ce qui est de Génies, de Sylphes, de Farfadets, ou de Dieux à la façon d'Homere, c'est autre chose. Il y auroit à parier l'infini contre un, que quelque part dans l'Immensité le Système de la Théogonie Payenne auroit lieu au pied de la lettre: voilà Lucrece écrasé. Il y auroit à parier avec le même avantage, que quelque part dans l'Immensité, au Système de la Théogonie Payenne se trouveroit jointe une sorte de Système Chrétien, très redoutable pour *nos Lucreces nouveaux.** Un ou trois Génies plus puissans

* On sait ces vers;

Tu veux donc, belle Uranie,
Qu'érigé par ton ordre en Lucrece nouveau &c.

sans que les autres, mais qui se donneroient encore pour plus puissans & plus parfaits qu'ils ne seroient effectivement, auroient entrepris de ruiner le culte de leurs Rivaux, & d'établir le leur par la suite de Prodiges que vous savez. Ce seroit *un Dieu jaloux*, qui la garderoit bonne aux ennemis de sa Religion; ce seroit un Christ,* qui sauroit se venger d'eux, sinon pendant une éternité dont il ne peut lui-même répondre, du moins, que sais-je ? pendant des millions d'années. Tout cela est non seulement possible, mais infaillible encore un coup, en quelques coins de l'Immensité, dans le Système Epicurien; aussi bien que tout ce qui se conte des apparitions de Spectres, & des prestiges de la Magie. Nous pouvons, Monsieur, nous pouvons défier l'Esprit-fort de se tirer de là. Dans cette affreuse incertitude où je

le

* NB. *Un Christ*; non le vrai Christ du vrai Dieu.

le plonge par une suite de ses Principes, comment ne desireroit-il pas qu'on pût lui prouver qu'il existe un Dieu; un vrai Dieu, entre les bras de qui chaque Etre puisse se jetter avec confiance? Le moins (si l'Epicurien n'est insensé, & tout-à-fait stupide,) est qu'il se rende attentif aux preuves simples qu'on lui offre d'un Dieu qui n'a rien que d'aimable & de consolant. C'est alors que j'espere même, que ce Sentiment dont je parle en tant d'endroits, ce Sentiment plus fort que toutes les preuves, & sans quoi les preuves ne sont rien, ne manquera pas de toucher son cœur. Tel est en partie le progrès d'idées, par lequel je ne cesse de répéter depuis lontems, que je veux faire goûter l'existence de Dieu, non pas à ceux qui la croyent, mais à ceux qui ne la croyent point. Or tout cela est nécessaire pour ceux qui ne la croyent point; inutile sans doute à ceux qui la croyent. Que ces derniers me laissent donc

donc tranquillement traiter à ma maniere des Malades désespérés. C'est une méthode que j'ai annoncée au Public il y a déjà plus de cinq ans dans mes *Mémoires*, & encore en pleine Académie il y a deux ans. Cette uniformité de vûes & de langage en des tems, & en des conjonctures fort différentes, est, à ce qu'il me semble, une preuve de ma bonne foi. Communiquez, je vous prie, Monsieur, cette Lettre à votre illustre Maître, dont je respecte sincérement les lumieres. Je me flatte qu'elle ne le scandalisera point. Puisqu'il me fait la grace de ne point douter de mon cœur, & de m'aimer, à ce qu'il m'assure, j'ose croire que lorsqu'il me connoîtra mieux, aussi bien que les honnêtes-gens dont il me parle, *cette Horreur* que j'ai eu le malheur de leur causer, se changera en une véritable estime. Un peu d'Hétérodoxie sur des Points, de nulle conséquence pour le bien de la Société & les bonnes mœurs, ne peut pas révolter si fort des personnes raisonnables; & c'est tout ce qu'on poura me reprocher. Au reste, comme je m'écarte de certains Dogmes, moins parceque je ne les crois pas, ces Dogmes, que parceque je crois qu'il est indispensable *d'entrer en composition avec les Incrédules*, si l'on ne veut tout perdre; si l'on ne veut que l'Athéisme aille toûjours en triomphant, comme il fait depuis un siecle; je déclare que rien n'est capable de me faire départir de mon Plan. C'est un point de Conscience chez moi. Je suis prêt à sacrifier, s'il le faut, Monsieur, vie, liberté, fortune, *& jusqu'à l'estime des honnêtes-gens* qu'un faux zele rendroit injustes pour moi seul.

J'ai l'honneur &c.

A Berlin, ce 30 Septembre 1754.

REFLEXIONS
sur un Travers presque général dans l'admiration des Merveilles de la Nature.

L'admiration dont je parle n'est point celle du Peuple, quoiqu'elle lui ressemble beaucoup. C'est celle des Savans, des grands Physiciens, & même des Philosophes. Elle n'éclate nulle part mieux que dans leurs raisonnemens *sur les Caracteres d'une Sagesse infinie*, qu'ils veulent à toute force appercevoir dans les moindres effets de la Nature; soit de la Nature réelle, dont ils découvrent obscurément quelques points; soit, ce qui est bien pis, de la Nature imaginaire qu'ils ont forgée dans leurs cerveaux. Il semble que la majesté du Sujet les accable, jusqu'à leur ôter le sens, en sorte qu'ils ne voyent pas les inconséquences honteuses qui leur échappent. J'en pourois ramasser des volumes d'Exemples. Cinq ou six, bien frappans, tirés de la seule *Théologie astronomique* de Derham, suffiront pour le but que je me propose en cet endroit. Le succès prodigieux de l'Ouvrage montre que ce travers n'est pas plus celui de l'Auteur, que du nombreux Public qui y applaudit.

Je distingue dans la *Théologie astronomique*, aussi bien que dans la *Théologie physique*, & dans tous les Ouvrages de cette espece, deux choses: les Observations curieuses d'Astronomie, de Physique &c; & les Raisonnemens que l'on fonde là-dessus. A supposer les Observations très justes, ce qui n'est pas toûjours vrai dans beaucoup de ces Ouvrages, ce n'est que la partie la moins essentielle du travail, quoique celle qui a le plus d'étendue, & dont l'appât attire le plus de Lecteurs. La principale est
celle

celle où l'on entreprend de développer les traits *d'une Sagesse infinie;* la tâche est forte: & c'est où l'exécution fait pitié. Qui a bien envie de rire, peut rire; mais qui prend les choses à cœur, gémit, de voir des gens qui ne parlent que d'infinie Sagesse, ne pouvoir préserver des plus grossiers paralogismes, & de pis que cela, quelques pages de raisonnement cousues à leur matiere.

Par exemple; Derham s'appuye de l'autorité des Anciens & des Modernes, qui ont tiré leurs principales preuves de l'existence de Dieu, *de la beauté, de l'ordre & de l'arrangement de l'Univers.* On a beaucoup fait valoir cet accord. Mais on n'a pas pris garde que les Anciens & les Modernes n'ont point connu le même arrangement, le même ordre, & la même beauté. Je ne parle point des changemens arrivés dans le Monde. Je parle des changemens bien plus considérables arrivés dans la connoissance du Monde. Le Monde des Anciens étoit petit, étroit, ridiculement agencé : ce pouvoit être l'ouvrage de quelque Génie, ou de quelque Fée, qui auroient eu un peu plus de puissance que nous n'en avons, mais qui auroient été beaucoup plus ignorans que nous ne sommes aujourd'hui. Enfin le Monde ancien & le Monde moderne sont si différens, que si les preuves physiques, données par les premiers Philosophes, d'une Sagesse infinie, *dont ce fussent là les caracteres*, sont bonnes, les nôtres ne valent rien ; & que si les nôtres sont de quelque valeur, nécessairement celles des Anciens étoient détestables. Que fait donc cet accord où nous nous rencontrons, sur le point d'une admiration, dont les Objets sont si contraires ? Deux Aristarques se récrient sur la beauté d'un vers, auquel ils donnent des sens tout opposés. Et l'on veut que leurs autorités réunies prouvent que le sens de ce vers est merveilleux !

veilleux ! On veut, qu'elles prouvent qu'il est digne d'Homere seul !

Mais en vérité nous sommes de plaisantes gens avec nos idées de beauté, d'arrangement, d'ordre ; *d'ordre, dit-on, le plus exact, le plus parfait, le plus sage, le mieux imaginé qui fût possible.* Les Déclamateurs croyent relever leurs discours, & ils les rendent de la plus insupportable fadeur par ces sottes phrases dont ils les lardent. Ils ne peuvent pas dire d'un effet de la Nature, présenté souvent moins tel qu'il est que comme ils l'ont conçu, *que cela est beau, sagement imaginé*: il faut que ce soit *le mieux imaginé, & l'ouvrage de la Sagesse même infinie.* Encore faut-il les en croire sur leur parole; ils ne le prouvent pas, mais ils l'avancent. C'est bien à nous à juger *à posteriori* du suprème degré de sagesse, d'ordre &c. Ne sent-on pas que de quelque façon que les choses fussent agencées, ou désagencées,

agencées, dès qu'elles feroient au des-
fus de nos forces, nous les trouverions
toûjours *les plus admirables?* La preuve
en eft que nous les trouvons telles dans
les façons les plus contradictoires dont
elles foyent, ou dont elles nous foyent
connues. Les Planetes font leurs révolutions toutes à-peu-près dans le même
fens. *Le Hazard n'a pû faire cela!* Les
Cometes, qui font d'autres Planetes plus
éloignées, fuivent des routes toutes différentes les unes des autres. *Ce ne peut
point encore être le Hazard qui ait fait
cela!* „ Voyez ce Soleil, difoit-on au-
„ trefois, ce globe immenfe qui tourne
„ avec une fi prodigieufe juftefle pour
„ le fervice de la Terre. Quelle autre
„ qu'une Sageffe infinie lui imprime fon
„ mouvement?... Voyez notre Terre,
„ dit-on aujourd'hui, comment par la
„ combinaifon de fes deux mouvemens
„ autour de fon axe & autour du Soleil,
„ elle reçoit le degré précis de chaleur
„ &

,, & de lumiere qui lui convient. Ah!
,, que le doigt de la Providence.... ,,
Ainſi, que ce ſoit le foyer, & la maiſon, & les baſſes-cours, & le jardin, & les champs voiſins, qui tournent autour de l'Alouette pour la cuire; ou que le chétif oiſeau tourne autour d'un fil; ils ont réſolu de trouver tout *le mieux imaginé, & de la plus profonde ſageſſe*: comme ce Peuple imbécille, qui trouve toûjours le ſpectacle où il aſſiſte, le plus beau du monde, le plus riche, le mieux entendu; même lorsqu'il n'a preſque rien vû, ni rien compris.

Quelque riſible que ſoit le ton de la plûpart des Déclamateurs anciens & modernes, il y en a peu qui égalent les naïvetés du bon Chanoine de Windſor, le ſavant Derham. *L'Univers entier*, dit-il pag. 191. * *eſt un Ouvrage d'une incomparable beauté*; à quoi veut-il qu'on

* *Théologie aſtronomique*, de la Traduction de M. Luſneu; 2de. Edition, Roterdam 1730.

le compare ? *Un Ouvrage, le mieux imaginé, le mieux concerté, le mieux exécuté qu'on puisse jamais voir;* où & quand veut-il qu'on en voye d'autres ? * *Ouvrage parfaitement proportionné aux besoins de toutes les créatures;* qu'en sait-il ? *Ouvrage où elles trouvent tous les avantages & toutes les commodités qu'on peut souhaiter;* cela est-il bien vrai ? *Ouvrage enfin, où l'on voit manifestement une infinité de traits de l'adresse, de la science, de l'habileté infinie, de celui qui l'a créé.* Ah ! pour le coup peut-on lui dire ;

Mais vous pour en parler vous y connoissez-vous ?

Un

---

* On rencontre ces insipides tirades de Superlatifs, aussi bien que *le mieux imaginé qu'il soit possible,* presqu'à chaque page, & le burlesque *qu'on puisse jamais voir* en plus d'un endroit; témoin encore pag. 241. *La plus superbe scene, le plus magnifique théatre, le plus beau spectacle, les ouvrages les plus nobles, les mieux imaginés, les mieux arrangés, les plus sagement ordonnés qu'on puisse jamais voir; des ouvrages enfin &c !*

Un peu plus loin, pag. 193, en parlant des Cometes, (des Cometes que l'on connoît encore si peu!) *Tous leurs mouvemens,* dit-il, *leurs directions, leurs plans, ont été si bien réglés, si sagement ajustés, & si admirablement compensés, par la Providence divine, que l'arrangement de chaque Tourbillon de l'Univers ne pouvoit être ni mieux imaginé, ni mieux exécuté, soit pour la commodité, soit pour la beauté & la magnificence.* Eh que sait-il? N'est-il pas visible, pour me servir d'une expression de M. de Maupertuis, que ce sont là *des actes de foi,* & non des preuves? Or ce sont des preuves qu'il faut à l'Incrédule, sans quoi vous l'aigrissez. Il hausse les épaules, & ne paye votre emphase que de sa risée. Puis vous vous étonnez de l'endurcissement de son cœur, & du peu de fruit de vos beaux Ouvrages; & vous ne sentez pas que vous le confirmez dans cette opiniâtreté-même, en mêlant à la

cause

cause la plus triomphante selon vous, & la plus grave, le plus indécent verbiage qui fût jamais.

Oui; y a-t-il verbiage pareil à celui-ci, par exemple, pag. 251 & 252? *Quel est l'Architecte qui pouvoit construire des masses aussi vastes, & un nombre aussi innombrable de corps qu'en contiennent les Cieux? Quel est le Mathématicien &c.? Quel est l'Ouvrier assez versé dans la Mécanique &c? Quel est le Naturaliste &c? Quel est le Philosophe &c? Quel est l'Opticien &c? Quel est le Chymiste &c? Quel est l'Homme enfin, qui auroit été assez habile, assez puissant . . . . pour faire le Soleil, la Lune & les Etoiles?* En bonne foi n'est-ce pas se moquer du monde, & perdre, je dirois presque pudeur, que de raisonner de la sorte en un pareil sujet! A qui en veut-il? à qui parle-t-il, si ce n'est aux vents & aux murailles? Y a-t-il quelqu'un qui croye, ou qui soupçonne, qu'il qu'il n'y avoit ni Soleil, ni Lune, ni Etoiles, ni Cieux, & qu'un habile Homme a fait tout cela ? L'Epicurien vous dit, que dans un Espace infini & sans bornes, dont vous admettez vous-même la réalité, une infinité de corpuscules ont tous les mouvemens, toutes les formes, & toutes les combinaisons possibles; qu'il faut par conséquent bien que ce qui vous extasie si fort s'y trouve quelque part sans grande merveille, & s'y trouve, non pas une fois, mais des millions de millions de fois; & beaucoup mieux encore que tout cela. Etalez Mécanique, Physique, Optique, Catoptrique, Dioptrique, & Gnomonique, & vos Superlatifs, & votre Emphase. Après mille volumes, vous n'aurez pas touché seulement la Question dont il s'agit entre l'Epicurien & vous. Mais pour comble de ridicule, vous lui demandez gravement, pathétiquement, *Quel est donc l'Homme qui a fait le Monde ?*

de? Hé! n'entendez-vous pas que l'on vous crie „ que ce n'est ni Homme ni „ *Ange* qui l'ont fait; qu'il n'a point été „ fait; que ce n'est point un Effet, „ comme vous le supposez perpétuelle- „ ment dans la judicieuse application du „ grand Principe, *qu'il n'y a point d'Ef-* „ *fet sans Cause*; qu'encore moins est-ce „ un Ouvrage, mais un Etre qui existe „ par la nécessité de sa nature, comme „ vous prétendez vous-même que vo- „ tre Dieu existe par la nécessité de la „ sienne, sans être un Ouvrage ni un „ Effet? „ Il y a une essentielle différence, dites-vous. Le Monde éprouve des variations continuelles; donc il ne peut pas être nécessaire : au lieu que nous prétendons que Dieu est immuable.... Oh doucement! c'est de la Métaphysique ceci; vous sortez de votre sphere. Fort mauvaise Métaphysique au reste! Car où trouvez-vous, s'il vous plaît, qu'il soit plus aisé de concevoir

voir un Etre *immuable qui produit tous les changemens sans changer*, qu'un Etre *néceſſaire quant à l'exiſtence, & variable quant à la maniere d'exiſter*; ce qu'il faut avouer être en un ſens le cas de Dieu-même, ſi l'on ne veut renoncer à toute idée recevable d'un Dieu? Mais je laiſſe cela pour le préſent.

Encore une naïveté ou deux du ſavant Derham.

Page 267. De ce que nous regardons avec beaucoup de plaiſir le Ciel *à travers nos longues lunettes; Quel ſera donc, s'écrie-t-il, le plaiſir, la joye, le contentement des Eſprits bienheureux, lorſqu'ils verront de plus près les régions les plus éloignées de l'Univers, ces ſuperbes globes &?* cIdée populaire, bonne tout au plus dans le vieux Syſtème qui diſtingue proprement la Terre du Ciel; mais riſible dans celui de Derham, de Neuton & de Copernic, puiſque notre Terre eſt au Ciel, & qu'elle eſt elle-même un

Aſtre,

Astre, aussi bien que tout ce qui se voit au Ciel, à l'œil nu, ou à l'aide des longues lunettes.

Ce qu'il dit pag. 265 est d'un ridicule encore plus achevé. Il avoit déjà cité de Seneque avec admiration vers le commencement de l'Ouvrage, *que l'Esprit arrivé aux Régions célestes;... y contemple, en toute sureté, le lever & le coucher des Etoiles*: la chose lui paroît si belle qu'il la répete en finissant. Comme s'il falloit sortir de notre Terre pour observer plus commodément le lever & le coucher des Etoiles! & comme si ce n'étoit pas précisément sur une Terre, celle-ci ou une autre, qu'il faut être pour observer ce phénomène! Et puis l'utile occupation que de *bayer aux étoiles*, pour un Esprit dégagé de la matiere! Et puis cette imagination creuse, que toute la Philosophie n'a pû ôter de la tête de ce savant Homme; qu'il y ait quelque chose de plus sacré dans le Ciel visible,

viſible, quelque choſe de plus quinteſ-
ſencié dans ces grains de ſable qui bril-
lent, là haut, là bas, comme on voudra, que dans le grain qui eſt notre partage? Cependant guindé dans les Cieux
avec ſes préjugés, le voilà qui prend des
idées grandes & nobles; (copiées de Sé-
neque néanmoins: car eſt-il poſſible de
raiſonner, ou de déraiſonner, ſans le
ſecours de quelque Ancien?) Qu'eſt-ce
que la diſtance *des dernieres limites de
l'Eſpagne juſqu'aux Indes?* Un point! un
atome! *Au lieu que les Régions céleſtes
ſont ſi immenſes,* voyez-vous? *que l'E-
toile, dont le cours eſt le plus rapide, y
trouve un eſpace aſſez vaſte,* cela eſt admirable! *pour y faire ſa révolution qui
dure trente ans, ſans qu'elle y rencontre
aucune réſiſtance, aucun empêchement, aucun obſtacle, qui puiſſe l'arrêter dans ſa
courſe!* Mais que fait à la grandeur de
l'Orbe de Saturne que l'eſpace en ſoit dé-
barraſſé, ou embaraſſé? Eſt-ce qu'il en

Tome II.   X   eſt

est plus grand d'être moins rempli? Il y a trois cens millions de Lieues de la Terre à Saturne, & sans comparaison davantage jusqu'aux Etoiles fixes. Pour le bon esprit ce n'est là qu'un fait; pour celui qui n'a pas la trempe requise, c'est une merveille. Derham s'extasie vraiment de bien moins que cela : il s'extasie de la distance du Soleil ; il s'extasie de celle de la Lune. Je crois pour moi, qu'il est moins permis à un Philosophe de s'effrayer de trois cens millions de Lieues, qu'au commun des Hommes de l'éloignement des Indes & de l'Espagne. *Deux millions de millions de Milles*, dit Derham en parlant de la distance de Syrius! *Si cela est, le Firmament n'est-il pas un espace immense, & sans bornes!* Ce n'est point cela qui le prouve: cela prouve seulement qu'il y tient deux millions de millions de Milles, & que les cerveaux qui s'en étonnent sont bien étroits. Quand on sait que l'Immensité est

est l'Immensité; quand on sait qu'il y a un Espace infini, & qui ne peut qu'être infini; y a-t-il plus à s'émerveiller, d'y trouver ces prétendus grands Espaces qui ne sont que des imperceptibles, que de trouver une goute d'eau dans l'Océan? Il est tout simple qu'elle y est, cette goute d'eau; & beaucoup d'autres avec celle-là.

Le peu de place qui me reste, pour deux Pieces qu'il est essentiel de faire entrer dans ce Volume, m'empêche de m'étendre davantage. Je n'ajoûte qu'un mot. De quel oeil, en conscience, veut-on que l'Esprit-fort envisage tant de travers, dont nos discours & nos écrits fourmillent? Il faut avouer qu'on le prend avec lui du ton le plus haut, & le moins soûtenu. Sans parler des invectives, qui sont toûjours déplacées; ce ton de mépris qu'il mériteroit, ce ton de triomphe, qui conviendroit à notre Cause, combien nous le rendons déplacé

par

par l'extrême prife que nous donnons fur nous? ,, Les Efprits-forts favent-,, ils, dit La Bruyere, qu'on les ap-,, pelle ainfi par ironie? Quelle plus ,, grande foibleffe que d'être incertains ,, quel eft le principe de fon être, de ,, fa vie, de fes fens, de fes connoiffan-,, ces, & quelle en doit être la fin? ,, Donc l'Efprit fort, c'eft l'Efprit foi-,, ble. ,, Rien de mieux dit & de mieux penfé. Mais fi nous nous piquons en ce cas d'être les véritables Efprits-forts, refpectons nous un peu; & furtout refpectons l'excellente Caufe que nous avons l'affurance de prendre en main. Gardons-nous de lui nuire par la plus maladroite défenfe; bien perfuadés qu'on lui imputera nos écarts, nos paralogifmes, nos petiteffes, notre admiration puérile, nos fottes phrafes, cet entaffement de mots vuides de fens, ces tours dont le moindre défaut eft d'être ufés depuis vingt fiecles. A un genre de

preuves

preuves déjà essentiellement vicieux & faux, ainsi que je l'ai fait sentir dans les Lettres précédentes, si nous joignons un pareil accessoire, quel scandale! Y voudra-t-on enfin porter remede? Nous sommes les véritables Esprits-forts. Sans doute! Qu'il y paroisse à quelque chose. Un sincere amour du vrai; un aveu généreux des bévues passées; c'en seroient-là de beaux caracteres. Piquons-nous d'une façon de penser, non pas grande, non pas noble, (car qu'est-ce en pareilles matieres que notre grandeur & notre noblesse?) mais juste, exacte, & qui ne se sente point de l'étroit des préjugés. Cessons au moins de nous extasier d'un nombre, ou d'une masse. Il n'y a rien de plus chétif que cette tournure d'esprit, quand il s'agit de l'Eternité & de l'Immensité. Que trois cens millions de Lieues soyent trois cens millions de Lieues. Les réduire en Toises pour grossir le nombre;

calcu-

calculer ce qu'un cheval à tant par heure, un boulet de canon, une meule de moulin, employeroient de tems à les parcourir; misere, & pure misere! Cela ne grossit l'idée qu'à des yeux fort débiles, & n'empêche pas que trois cens millions de Lieues ne soyent un point dans l'Infini. Multiplions les Traités de Physique; c'est une belle & utile Science que la Physique. Recueillons des Faits & des Observations, le plus qu'il est possible. Déployons-même, à propos, ou à tout propos, les sentimens d'une tendre reconnoissance envers le consolant Auteur de tous biens. La satisfaction qu'on goûte à s'élever à lui, jusques dans l'épreuve des maux, est elle-même un des plus grands biens dont il y ait à le benir. Mais ne tenons ce langage qu'avec ceux qui peuvent l'entendre. Quand notre discours est dirigé contre l'Incrédule, nous ne pouvons que le révolter par cette supposition perpétuelle

de

de ce dont il est question. Il nous tient quitte de notre étalage de Merveilles, en nous déclarant *qu'il sait bien qu'il y en a incomparablement plus encore que nous n'en pouvons décrire ou imaginer ; mais que tout cela existe nécessairement, parceque toutes les combinaisons existent dans l'Infini, & qu'au bout du compte l'agencement fortuit de tous les corpuscules du Monde visible est un coup moins surprenant, dans l'Immensité & dans l'Eternité, qu'un coup de dez singulier qui sort d'un cornet pendant un jeu d'une demi-heure.* A cet égard il a raison, & démonstrativement raison. Nous haïssons la Vérité, si nous n'en convenons de bonne foi. Pour l'honneur de la force & de la supériorité de notre esprit, ôtons aux prétendus Esprits-forts cet avantage prodigieux qu'ils ont sur nous dans le Point de vûe de l'Infini. Ce Point de vûe est la totale ruine des *Théologies* que j'appelle *à la Derham*, qu'on ne peut y apprécier que ce qu'elles valent, c'eſt-à-dire moins que rien. Je vais le mettre dans un nouveau jour dans la Piece ſuivante. Encore mieux approfondi, ce Point de vûe devient le tourment & le déseſpoir de l'Athéiſme, puis l'entiere ruine; comme la Piece qui termine ce Volume en convaincra.

LE HAZARD ORDONNATEUR;

DEMONSTRATION *de l'insuffisance des Preuves physiques, & de la nécessité des Preuves métaphysiques de l'existence d'un Ordonnateur intelligent.**

Je demande, Messieurs, qu'on se souvienne, de ce que j'ai remarqué autre part, & qui est incontestable; „ Que, quelque grand que soit un
„ nombre, quelque étonnant, & quelque
„ accablant même qu'il paroisse à l'ima-
„ gination, eût-il besoin pour être ex-
„ primé de plus de chiffres qu'il n'y a
„ de grains de sable sur le bord de la
„ mer, de goutes d'eau dans l'océan, ou
„ d'atomes dans le monde entier, ce
„ nombre est encore très petit à l'égard
„ d'un autre nombre possible, & doit
„ être considéré par rapport à lui, si-
„ non

* Lû à l'Académie, le 16 Janvier 1755.

„ non comme le nombre *un* qui ne renferme point pluralité, au moins comme le nombre *deux* le plus petit de ceux dont l'idée renferme pluralité. „

Ceci posé, je prens deux caracteres d'Imprimerie *a* & *r*: je les mets dans une boîte où je les balotte quelque tems, & je les laisse ensuite couler par une petite fente qui n'en peut admettre qu'un à la fois. Ils ne peuvent passer que de l'une de ces deux manieres, *ar* ou *ra*; car deux lettres n'ont que deux combinaisons différentes. Je m'affectionne pour la syllabe *ar*, qui est la premiere de l'Enéide, & je parie que le Hazard me la fera rencontrer. Je puis parier sans désavantage un contre un, puisqu'il n'y a qu'une seule combinaison qui me soit contraire, comme une qui m'est favorable. Cependant il est très possible que je n'obtienne point la syllabe *ar*, & que les caracteres sortent dans l'ordre *ra*.

Mais

Mais si je veux me procurer une très grande probabilité d'obtenir la syllabe *ar* par un jet fortuit, je n'ai qu'à demander que la tentative soit répétée par exemple un million de fois. Alors je pourai presque sans risque gager un million de guinées contre une, que le Hazard me donnera pour le moins une fois la syllabe *ar*. Il n'est pas absolument impossible, mais ce seroit grande merveille, que la syllabe *ra* revînt un million de fois tout de suite.

Prenons maintenant les quatre Lettres du premier mot de l'Enéide *Arma*, avec une majuscule au commencement. Agitons-les dans la boîte, & laissons-les tomber par la fente l'une après l'autre. Il n'y a si petit Mathématicien qui ne sache que quatre Lettres ont 24 combinaisons différentes. Il y a donc 23 à parier contre 1, que je n'obtiendrai point le mot ou la combinaison *Arma*, puisqu'il y a 23 combinaisons contraires.

Mais

Mais en 23 reprises le pari devient égal, parceque l'avantage des 23 reprises compensera juste le désavantage des 23 combinaisons qui me sont contraires. Et si l'on m'accorde un million de fois 23 reprises, je puis alors parier un million de guinées contre une, d'obtenir du Hazard au moins une fois la combinaison *Arma*.

Si nous prenons ensuite les douze lettres *Arma virumque*, comme ces douze lettres se peuvent combiner de près de cent-vingt millions de manieres différentes,* il y a près de cent-vingt millions

---

* Douze lettres se peuvent combiner de beaucoup plus que de *cent-vingt millions* de manieres différentes: mais ici il se trouve deux fois deux lettres pareilles, savoir deux *u* voyelles & deux *m*. Je ne parle point des deux *a*, parceque l'un est majuscule & que l'autre ne l'est point. Au reste, comme le vrai nombre ne fait rien au raisonnement dont il s'agit, j'en ai pris un qui embarassât moins le discours.

lions à parier contre un, qu'en balottant ces douze lettres dans la boîte le Hazard ne les fera point sortir dans l'ordre *Arma virumque*. Mais, en cent-vingt millions de reprises, l'égalité du pari revient ni plus ni moins, que s'il ne s'agissoit que des deux combinaisons *ar* ou *ra*. Et en un million de fois cent-vingt millions de reprises, il y a un million de degrés de vraisemblance, c'est-à-dire qu'il y a un million à parier contre un, que j'obtiendrai ce qui paroissoit d'abord si chimérique.

S'agit-il après cela du vers entier *Arma virumque cano Trojæ qui primus ab oris*; s'agit-il même de toute l'Enéide? Veut-on supposer qu'on a mis dans une grande roue autant de caracteres qu'il y en a dans ce beau Poëme, & qu'on les y a bien mêlés? La probabilité que le Hazard ne les fera point sortir selon l'ordre qu'ils ont dans l'Enéide est comme immense. Le nombre des combinaisons
contrai-

contraires est au delà de toute imagination. Mais enfin c'est un nombre pourtant, & un nombre fini. Que la tentative soit refaite un pareil nombre de fois; le pari devient égal qu'on rencontrera l'Enéide, ou qu'on ne la rencontrera pas. Et le pari étant égal, si l'on refait encore cent mille millions de millions de fois autant de tentatives, le prodige ne seroit point alors que le Hazard rencontrât l'Enéide, mais le prodige seroit qu'il ne la rencontrât pas.

Ce sont là les premiers élémens de la Doctrine mathématique des Paris, ou de l'Analyse des Sorts; ,, Que quelque in-
,, égal que soit un Pari, on peut le rendre
,, égal en compensant le désavantage des
,, combinaisons par l'avantage des re-
,, prises, & qu'après l'avoir rendu
,, égal on en peut augmenter la pro-
,, babilité à l'infini. ,,

Si donc il y avoit une infinité de roue d'où sortissent perpétuellement des
caracteres

caracteres d'Imprimerie, ou bien s'il y avoit eu une feule roue d'où il en fut forti de toute Eternité, le nombre des reprifes étant infini au lieu que le nombre des combinaifons de tous les caracteres d'un Livre n'eft que fini, il y auroit actuellement une probabilité infinie, c'eſt-à-dire une certitude entiere, que le Hazard en auroit fait fortir tous les Livres que nous connoiſſons, *fans en excepter même le plus faint de tous.* (Tant il eft vrai, Meſſieurs; fentez, je vous prie, les conféquences de ce mot, qui femble m'être échappé; tant il eft vrai que la Religion révélée elle-même ne porte fur rien, fi elle ne porte fur une faine Métaphyfique, qui ait, ou écarté le Hazard entiérement, ou limité fon action fous l'empire d'une Providence. Mais cette Providence, ce ne fera jamais l'ordre ni la perfection d'un Ouvrage fini qui la prouvera.)

Contentons-nous donc ici de l'Enéide,
&

& supposons que ce beau Poëme nous fût venu de la maniere que je viens de dire, quoique la chose fût ignorée. Que d'insultes ne feroit-on pas à ceux qui seroient assez naturels pour avouer qu'ils croyent la chose possible? S'ils étoient un peu *opiniâtres*, par combien de prétendues Démonstrations ne voudroit-on pas les forcer de reconnoître la réalité de *l'Auteur de l'Enéide?* „ L'Auteur de
„ l'Enéide démontré par l'harmonie des
„ vers. L'Auteur de l'Enéide démontré
„ par l'uniformité constante d'un vers
„ héxametre d'un bout du Poëme à l'au-
„ tre. L'Auteur de l'Enéide démontré
„ par les exceptions-mêmes à cette re-
„ gle, savoir les vers qui ne sont point
„ achevés & les vers spondaïques, les
„ premiers étant un témoignage de la
„ liberté de l'Auteur, & les autres se
„ trouvant merveilleusement appropriés
„ à la gravité du sujet. L'Auteur de
„ l'Enéide démontré par les sons imi-
       „ tatifs.

,, tatifs. L'Auteur de l'Enéide démon-
,, tré par les discours, par les compa-
,, raisons, par les descriptions, par toutes
,, les beautés du Poëme, & par l'ordre
,, & l'enchaînement qu'on y admire. ,,
L'un analyseroit séchement un beau
morceau, en compteroit les mots, les
syllabes, les lettres, & calculeroit labo-
rieusement le nombre des combinaisons
possibles qui étoient contraires à la combinaison actuelle. Quelque autre froid
Commentateur, s'extasiant sur des beautés qu'à coup sûr il ne sentiroit pas, &
qu'il rendroit infidellement, s'écrieroit
à chaque page; *Quel autre qu'un grand
Poëte a pû faire cela?* Et cependant ses
exclamations auroient le démenti dans
le Fait même; *Ce seroit le Hazard....*
Oui; mais, me dira-t-on, ce n'est là
qu'une supposition gratuite, qui n'a
point de réalité. J'en conviens: mais
à quoi tient-il qu'elle ne soit réelle? Est-
ce à l'incapacité du Hazard? Il est démontré

montré que non ; & c'est le point dont il s'agit. Pour que ma supposition fût réelle, que faudroit-il? Uniquement, l'existence d'un assez grand nombre de roues mobiles, remplies de caracteres; ce qui fait une autre Question.

L'application n'est que trop facile, Messieurs. Je rappelle ici un fameux passage de Cicéron qui m'en a fourni l'idée, lorsqu'il n'y avoit encore que quelques mois que j'avois commencé l'étude des Mathématiques. Le peu que je savois de la Doctrine des Hazards m'ouvrit les yeux sur le Sophisme de ce passage. Il n'en falloit pas tant. Un grain de bon sens suffit pour le sentir.

Ne dois-je pas m'étonner, (dit Cicéron,* ou plûtôt l'impertinent Stoïcien Lucilius.** Car on a très bien remarqué

---

* Second Livre *de la Nature des Dieux*, traduction de l'Abbé d'Olivet.

** Il n'y a puérilités pareilles à la plûpart des raisonnemens de ce Stoïcien; j'en produirai le

qué qu'on cite fréquemment comme de Cicéron des choses qui sont à la vérité dans ses Ouvrages, mais qui n'y sont que dans la bouche d'Interlocuteurs qu'il combat lui-même ou fait combattre par d'autres. Témoin cet endroit-ci. Ce travers de tant d'Auteurs & de Déclamateurs est bien honteux; & bien honteux il est qu'on en ait averti tant de fois sans aucun fruit.) „ Ne dois-je donc pas
„ m'étonner, dit Lucilius dans Cicéron,
„ qu'il y ait un homme qui se persua-
„ de, que de certains corps solides &
„ indivisibles se meuvent d'eux-mêmes
„ par leur poids naturel; & que de leur
„ concours fortuit se soit fait un Mon-
„ de d'une si grande beauté? Quiconque
„ croit cela possible, pourquoi ne croi-
„ roit-il

le détail quelque jour. Mon scandale a toûjours été, que des Chrétiens cherchassent dans les fanges de cette Philosophie, non seulement des Preuves, quelles Preuves! mais des Autorités, en faveur de la Religion & du vrai Dieu.

,, roit-il pas que si l'on jettoit à terre
,, quantité de caracteres d'or, ou de
,, quelque matiere que ce fût, qui re-
,, préfentaffent les vingt-&-une lettres,
,, ils pouroient tomber dans un tel or-
,, dre, qu'ils formeroient lifiblement les
,, Annales d'Ennius. Je doute si le Ha-
,, zard rencontreroit affez jufte pour en
,, faire un feul vers. Mais ces gens-là
,, comment affurent-ils que des corpus-
,, cules qui n'ont point de couleur, point
,, de qualité, point de fentiment, qui
,, ne font que voltiger au gré du Ha-
,, zard, ont fait ce Monde-ci; ou plû-
,, tôt, en font à tout moment d'innom-
,, brables, qui en remplacent d'autres?
,, Quoi! si le concours des atomes
,, peut faire un Monde, ne pouroit-
,, il pas faire des chofes plus aifées,
,, un Portique, un Temple, une Mai-
,, fon, une Ville? ,,

Les défauts de ce raifonnement font si groffiers qu'il eft inconcevable qu'on ne les voye pas.

,, Si

„ Si le concours des atomes peut fai-
„ re un Monde, ne pouroit-il pas faire
„ des choses plus aisées, un Portique,
„ un Temple, une Maison, une Ville? „
Aussi fait-il à chaque instant, doit répondre l'Epicurien; puisque c'est lui,
lui seul, qui fait tout ce que nous
voyons. Du moins ne peut-on pas objecter le contraire, sans supposer pitoyablement ce qui est en question.

„ Pourquoi ne croiroit-on pas que si
„ l'on jettoit à terre quantité de caracte-
„ res d'or, ou de quelque matiere que ce
„ fût, qui représentassent les vingt-&-
„ une lettres, ils pouroient tomber dans
„ un tel ordre, qu'ils formeroient lisi-
„ blement les Annales d'Ennius? Je
„ doute que le Hazard rencontrât assez
„ juste pour en faire un seul vers. „
Vous en doutez, & vous avez raison
s'il s'agit d'un seul & unique coup: mais
s'il s'agit d'une infinité de coups, vous
avez grand tort. Or les Epicuriens vous

parlent

parlent d'une infinité, & même d'une infinité d'infinités de coups; de coups qui se répetent sans cesse, *depuis toute l'Eternité dans l'Immensité.* Il est donc ce qui s'appelle absolument impossible, que *tôt ou tard dans l'une & quelque part dans l'autre,* un Monde fini, (le Monde visible par exemple, avec les Annales d'Ennius, des Villes, des Maisons, des Temples, & des Portiques, & des Philosophes qui déraisonnent sous ces Portiques,) il est, dis-je, absolument impossible que tout cela ne vienne à paroître.

Mais, prenez bien garde, Messieurs, j'ai dit *un Monde fini.* Car je ne puis que m'élever ici contre l'illustre Auteur des *Pensées philosophiques,* qui s'appuyant sur l'Eternité en conclud la certitude d'une combinaison organique de toute l'Immensité. Eh! ne voit-il pas que le même raisonnement qu'il applique à une combinaison organique A, l'appliquant à une combinaison non-organique Z,

l'on

l'on renverse tout; & que même le nombre des combinaisons non-organiques étant infiniment plus grand que le nombre des combinaisons organiques, la probabilité d'un Chaos devient infinie? Oui; mais ce Chaos ne peut pas être universel. Il faut que l'on m'accorde çà & là *quelques Points qui s'organiseront pour quelques Instans;* Instans qui pouront bien être de plusieurs centaines de millions d'années; Points qui pouront être de plusieurs centaines de millions de lieues: qu'est-ce que cela dans l'Infini? Voilà tout ce qu'il me semble que la *Raison* pouroit reprendre à la *Philosophie* dont nous parlons.*

---

* Voyez les *Pensées raisonnables opposées aux Pensées philosophiques,* §. XXI. J'examinerai dans une Piece particuliere tant le *Raisonnable* que le *Philosophique* de ce Paragraphe; & je m'engage à faire voir, combien l'un & l'autre des deux illustres Auteurs a eu l'art de gâter sa Cause. Au reste, je serois fâché

Quant aux Intentions de l'Auteur, je n'en juge point; il me suffit de justifier les miennes. J'ai protesté qu'elles étoient pures: elles ne vont qu'à ruiner pour jamais de misérables Sophismes qui déshonorent la Vérité. C'est ce que je compte bien faire dans l'Ouvrage où tout ceci sera traité avec la force, & dans le détail qu'il convient. Mais de peur qu'on ne m'accuse encore de détruire sans édifier, voyons à vous développer, Messieurs, ce Sentiment vainqueur dont je vous ai parlé tant de fois, & que je vous ai dit me persuader l'existence d'un Dieu, l'immortalité de nos Ames, avec la réalité des Devoirs moraux. Le fait est qu'un Sentiment intime me persuade, & même sans avoir

besoin

ché qu'on crût, que je misse de la comparaison entre ces Ouvrages. Sauf le respect dû au jugement de nos Beaux-Esprits, je déclare que je tiens les *Pensées raisonnables* fort supérieures, & plus dignes de leur titre à tous égards.

besoin d'un développement fort étendu. Le fait est que cette persuasion est le soûtien de ma vie. Cependant, comme on veut que cette Doctrine du Sentiment ne soit que le langage d'un *Fourbe* qui cherche à donner le change, ou tout au moins d'un *Enthousiaste* à cerveau brulé ; (Personne ne reconnoîtroit-il ce discours?).... Développons ce que je sens ; analysons-le ; dussé-je, contre ce que j'ai crû lontems, arriver à quelque chose sur ce Sujet qu'on puisse légitimement qualifier de DEMONSTRATION. Non que je veuille à mon tour allumer la bougie pour chercher le Soleil, ou pour le faire voir à d'autres. Il ne s'agira que d'écarter quelques voiles qui le couvrent ; peut-être faire tomber quelques légeres écailles des yeux qui ne le voyent pas, ou qui croyent ne le pas voir parcequ'ils le voyent mal. Vous m'en direz votre avis, je vous en conjure, Messieurs. J'entame dès aujourd'hui cette importante matiere, & vous demande encore une couple de Scéances pour l'achever.

[Il est sûr que ce qu'on vient de lire dans cette Piece, & ce qu'on a lû dans les deux ou trois qui précedent, n'est qu'une foible esquisse, une très légere ébauche, de ce qui se peut alléguer d'accablant contre la validité des Preuves physiques, *que l'Univers soit un Ouvrage, & l'Ouvrage d'une infinie Sagesse*; Vérité trop essentielle, pour dépendre d'une pétition de Principe, & d'un ramas de lieux-communs. On verra quelque jour à quel degré d'analyse j'ai poussé cette Recherche, & le fruit que j'en ai tiré. Mais comme réellement, certains esprits déterminés à me noircir, me feroient un crime d'insister trop lontems là-dessus, je m'en abstiens. Heureux s'ils me passent même cet Essai! Ils veulent que je me fasse un droit de poursuivre, *au moins*, disent-ils, *par quelque avantage signalé sur l'Athéisme*, qui me mette à couvert du soupçon, soit d'imposture, soit de témérité ou d'illusion. Cela est raisonnable; & je dois les satisfaire: mais m'engagent-ils leur parole d'honneur, de me pardonner le succès si je réussis.

Pour

Pour entrer dans l'esprit de la Piece suivante, il faut penser que le Raisonnement principal, celui qui après toutes les préparations requises, soit pour établir l'état de la Question, soit pour écarter les obstacles, lever les voiles, & dissiper ce qui pourroit même vicier l'organe &c, rend enfin le but visible *il y a un Dieu*, n'est qu'un Argument *ad hominem*. Il ne peut être autre selon moi; & j'avertis, que je le donne même comme tel, sous un double regard, c'est-à-dire tant à ceux qui professent l'existence de Dieu, qu'à ceux qui ont l'assurance de la nier.

Ceux-ci, rebutés avec raison d'une multitude de Démonstrations directes & absolues, tout-à-fait sophistiques, par lesquelles on prétend leur faire *toucher au doigt* l'existence de la Lumiere, ont pris, grandement à tort, le parti de nier qu'il y eût une Lumiere au monde. J'entre en composition avec eux; & je conçois de très fortes espérances, de les ramener en bonne partie.

Ceux-là tiennent hautement pour l'existence de la Lumiere : mais, ainsi qu'il étoit très naturel, ils n'en apportent pas une preuve, qui *ne suppose déjà*, d'une maniere formelle,

formelle, l'exiſtence, & l'uſage de cette Lumiere qu'ils veulent prouver. Sans compter le plaiſant ſpectacle, de gens qui la lanterne en main, montrant le Soleil, bronchent & trébuchent à chaque inſtant.

Le travers de toutes les Preuves directes, où l'on démontre l'exiſtence de la Lumiere; & la conviction néanmoins, vive, ſincere, de la beaucoup plus grande partie des Hommes, qu'il exiſte une Lumiere; & l'exiſtence très réelle avec cela de cette Lumiere, que je vois & ſens ſi bien; tout cela me perſuade, moi, que la Lumiere ſe démontre elle-même à l'œil ſuffiſamment diſpoſé, par un ſens intime, ſans le ſecours du raiſonnement. Et c'eſt toûjours à quoi j'en reviens, QUE TELLE EST LA NATURE DES CHOSES, *que la Lumiere faſſe voir les Objets, & que les Objets vûs ſervent à leur tour à la manifeſtation de la Lumiere;* de même auſſi, *que la connoiſſance de Dieu ſoit le fondement de toute Certitude, & toute Certitude le fondement de la connoiſſance de Dieu,* ſans qu'il y ait là de Cercle vicieux.

Mais ici, laiſſant ce Point de vûe de côté, je raiſonne *ad hominem* ou *ad homines*. Je preſſe l'Athée dans ſon Principe *de l'Exiſtence néceſſaire de l'Etre*: & je fais ſortir

de

de ce Principe-même un Dieu; *Etre éternel, simple, unique; infiniment puissant, infiniment sage, infiniment bon; ordonnateur, législateur, inspecteur suprême; vengeur du Crime & rémunérateur de la Vertu*; c'en est bien assez. Je mets l'Athée entre l'aveu de cet Etre, & les plus cruelles incertitudes, pour ne pas dire l'attente des plus grands maux; il faut choisir. Si j'ai le bonheur de le gagner, (car c'est à le gagner que je m'attache,) je demande à la foule des Théistes spectateurs de la Controverse, *si c'est à tort qu'il s'est rendu, & s'il avoit moyen d'échapper dans ses Principes:* mais je ne leur en demande pas davantage. Je m'attens bien que les plus déterminés Athées me passeront plus aisément de les mener à Dieu, que tous ces pieux Théistes ne me pardonneront une Démonstration de l'existence de Dieu plus efficace que les leurs; achetée, pour comble de griefs, aux dépens de trois ou quatre de leurs Préjugés les plus chéris.]

LA

LA THÉOLOGIE DE L'ETRE.

ou
Chaîne d'Idées
de l'*Etre* jusqu'à *Dieu*.*

Multùm series juncturaque pollet.

§. I.
De la Simplicité de l'Etre.

Etre ou *exister*; un Etre, une Chose: mots qui ne doivent ni ne peuvent se définir.

Quelque

---

* Lû à l'Académie, le 16 Janvier, le 6 Mars, & le 1 Mai 1755.... Cette Pièce étant moins un discours suivi, qu'une chaîne de Propositions qui ne sont presque liées que par le sens, elle demande un peu d'application. J'avertis, que tout ce qu'elle renferme n'est cependant point essentiel au but principal. Quiconque tombera d'accord de la vérité des Principes préliminaires, n'échappera certainement point aux Conséquences; mais qui n'en tomberoit point d'accord, n'échappera pas davantage à l'Argument *ad hominem* qui l'attend. L'Ensemble est l'exposé fidele de la Suite de mes pensées, laquelle il ne seroit pas impossible que d'autres saisissent de la même façon.

Quelque chose existe : ou, il y a quelque Etre.

Ce qui existe n'est qu'un seul Etre, ou ce sont plusieurs Etres.

S'il y a quelque chose qui ne soit qu'un seul Etre & non plusieurs Etres, je l'appelle *Etre simple*.

S'il y a quelque chose qui soit plusieurs Etres & non un seul Etre, je l'appelle *Etre composé*.

Tout Etre composé, ou toute Collection de plusieurs Etres, n'est pas un seul Etre, mais plusieurs Etres.

Si A est un Etre, simple ou composé, & que B soit un autre Etre, simple ou composé, leur Somme A$+$B n'est pas un seul Etre, mais plusieurs Etres.

A$+$B est composé.

L'existence de A$+$B présuppose l'existence de A, aussi bien que l'existence de B.

Plusieurs présupposent *l'Unité* de ce dont il y a plusieurs. *Plu-*

Plusieurs Etres présupposent *l'Unité d'Etre.*

Plusieurs Etres supposent quelque chose qui ne soit qu'un Etre & non plusieurs Etres.

Tout Composé suppose le Simple.

S'il y a des Etres, il y a des Etres simples; & à proprement parler, il n'y a que des Etres simples.

C'est-à-dire qu'à parler proprement, tout Etre composé n'est point un Etre, mais une Collection de plusieurs Etres.

Enfin je pose pour Axiome, *qu'un Etre n'est pas plusieurs Etres, mais un seul Etre.*

§. II.
De la Distinction des Etres.

Maintenant je suis convaincu que *Moi qui pense.* Je suis quelque chose; soit un seul Etre, soit plusieurs Etres; un Simple, ou un Composé.

Je suis également convaincu que je
ne

ne suis pas le seul *quelque chose* qui existe; le seul Simple, si je suis simple; le seul Composé, si je suis composé.

Hors de moi existent d'autres Etres, ou d'autres Collections d'Etres. (Je prie ces autres Etres, ou ces autres Collections d'Etres, de vouloir bien, quand je me dis persuadé de leur existence, m'en croire sur ma parole, sans m'en demander de Démonstration.)

Il y a donc plusieurs Collections d'Etres; & à plus forte raison, plusieurs Etres simples.

Tout Etre simple est ce qu'il est, & n'est pas plus un autre Etre simple quelconque, qu'il n'est plusieurs Etres simples.

Tout Etre simple a quelque chose en lui par quoi il est tel Etre simple, & non un autre Etre simple quelconque.

Au fond ces deux dernieres Propositions

tions ne sont que la même, & c'est ce qui rend la seconde aussi incontestable que la premiere : mais il faut remarquer que cette expression, *tout Etre simple a quelque chose en lui*, dont on est contraint de se servir faute de termes, est très impropre.

J'appelle *Différence individuelle* d'un Etre simple, ce par quoi un Etre simple est tel Etre & non un autre.

Comme les Genres ont leurs *Différences génériques*, par quoi un Genre est tel Genre, & non un autre Genre ; comme les Especes ont leurs *Différences spécifiques*, par quoi une Espece est telle Espece, & non une autre Espece : de même tout Individu a sa *Différence individuelle*, par quoi il est tel Individu & non un autre.

Il est aussi absurde de dire que deux Individus A & B, simples ou non, sont tels qu'il n'y ait rien dans A qui ne soit dans B, rien dans B qui ne soit dans A, qu'il qu'il seroit absurde de dire qu'il y a deux Especes de cercles, la premiere & la seconde, rien dans la premiere qui ne soit dans la seconde, rien dans la seconde qui ne soit dans la premiere.

Cela même est encore plus absurde des Individus que des Genres & des Especes: car puisqu'il n'y a que les Individus qui existent, on ne peut concevoir de Genres & d'Especes, *que parcequ'il y a des Différences individuelles mêlées à des Ressemblances.*

§. III.
De la Diversité dans le Simple.

Mais comment concevoir des ressemblances & des différences entre les Etres simples? Si A & B sont simples, & simples de même espece, comment y a-t-il *dans* A quelque chose qui soit & quelque chose qui ne soit point *dans* B, & *dans* B quelque chose qui soit, & quelque chose qui ne soit point *dans* A; même à la maniere impropre dont nous devons ici prendre l'expreſſion ?

Je répons 1°. qu'il eſt inconteſtable qu'un Etre n'eſt pas pluſieurs Etres, & que par conſéquent tout véritable Etre eſt ſimple ; inconteſtable auſſi qu'un Etre n'eſt pas un autre Etre, & que pour être tel Etre de telle eſpece plûtôt que d'une autre, il faut quelque choſe qui le conſtitue tel. Ainſi quand nous ne concevrions pas le *comment* de la reſſemblance & de la différence des Etres, elles n'en ſeroient pas moins conſtantes.

Je répons 2°. qu'il faut diſtinguer entre pluralité d'Etres, & pluralité de Propriétés & d'Attributs. La ſimplicité d'un Etre exclud la pluralité d'Etres en lui, parceque ce n'eſt qu'un ſeul Etre & non pluſieurs Etres ; mais ſi elle n'excluoit point la pluralité de Propriétés, il y auroit dans cette pluralité du jeu pour des reſſemblances & des diffé-

différences à l'infini dans les Etres simples.

Une réflexion m'aide à concevoir la pluralité de Propriétés dans le Simple, auſſi aiſément que dans le Compoſé. C'eſt que la pluralité de Propriétés, dans les Compoſés-mêmes, n'eſt point en raiſon de la pluralité des Parties qui les compoſent. Il me ſemble que cela eſt déciſif.

Exemples.

Le triangle rectangle qui n'a pas plus d'élémens, pas plus de côtés, pas plus d'angles, & quelquefois pas plus de ſurface qu'un autre triangle, a cependant plus de propriétés.

Que l'on diviſe une ligne en deux parties, de la maniere qu'on appelle *moyenne & extrême raiſon*; on a fait un volume entier des propriétés de cette diviſion, tandis que celles de toute autre diviſion de la ligne en deux ou en pluſieurs parties n'en approchent pas.

On sait les propriétés singulieres du nombre 9. N'y en a-t-il qu'autant que d'unités en 9, ou qu'autant que ces neuf unités peuvent recevoir de combinaisons? Non, ces propriétés n'ont aucun rapport avec ce nombre de neuf unités. La preuve en est que si l'on suivoit en Arithmétique la progression *duodécuple* au lieu de la *décuple*, ce seroit 11 qui auroit les propriétés singulieres de 9, mais moins que n'en a 9, parcequ'il n'est pas quarré comme lui, ni divisible par un autre nombre.

Croit-on qu'en augmentant ou en diminuant un nombre d'une seule unité, surtout s'il est grand, on ne fasse qu'augmenter ou diminuer un peu ses propriétés. Point; on les anéantit; on les change en d'autres qui n'y ont aucun rapport.

Enfin l'unité elle-même, tant l'unité simple que l'unité abstraite, que de propriétés n'a-t-elle pas, & que d'usages

ges dans les calculs? Cependant, ou elle n'a point de parties, ou l'on fait abstraction des parties qu'elle a.

Il suit de ces exemples, & d'une infinité d'autres, que la pluralité de Propriétés dans les Etres composés ne vient point de la pluralité de Parties.

Ainsi la pluralité de Parties ne fait rien à la pluralité de Propriétés.

Donc *pluralité de Propriétés peut se trouver dans les Etres simples.*

Il y a donc de quoi concevoir comment les Etres simples different plus ou moins les uns des autres; & d'ailleurs il est indispensable, sinon de concevoir, de tenir pour sûr qu'ils different, les uns plus & les autres moins.

Or ces propriétés dont il y a pluralité, même dans l'Etre simple, est-ce quelque chose? Oui. Et quoi? L'Etre-même, dont ce sont les propriétés, & non d'autres Etres qui lui soyent ajustés, à la maniere des *Entitatules* de l'Ecole.

De même que les qualités de nombre, les qualités de pair & d'impair, les qualités de cube & de quarré, & les propriétés qui en dépendent, ne sont point des Etres attachés à 8 & à 9, différens de 8 & de 9.

§. IV.
De la Mutabilité du Simple.

Il y a deux sortes de Propriétés dans les Etres; de permanentes & de successives.

Les Propriétés permanentes d'un Etre (entre lesquelles il faut toûjours compter la possibilité des successives,) sont ce qui ne varie jamais dans un Etre; ce qui le constitue tel Etre, & non un autre: c'est son *Essence*.

Les Propriétés successives sont celles qui n'appartiennent à un Etre toutes à la fois qu'en possibilité, mais dont plusieurs ne peuvent s'y trouver réellement que les unes après les autres: ce sont les change-

changemens, les variétés qu'il éprouve; ses divers états; ses *Accidens*.

Car je suis intimement convaincu, quoique sans démonstrations, qu'il arrive des changemens dans ce qui existe; aux autres, de même qu'à moi. Il ne s'agit que de savoir, si les changemens sont dans les Collections d'Etres ou dans les Etres; dans les Composés ou dans les Simples.

La chose n'est pas difficile. Avec la même évidence que je vois que plusieurs Etres supposent ce qui n'est pas plusieurs Etres, je vois que le changement de plusieurs Etres suppose le changement de ce qui n'est pas plusieurs Etres; suppose le changement de quelque Etre simple.

S'il n'est arrivé, ni à A, ni à B, ni à C, quelque changement que ce puisse être, il n'est arrivé à la Collection de A, de B & de C, aucun changement.

Mais s'il est arrivé, soit à A, soit à B, soit à C, quelque changement, il est arrivé du changement à la Collection de A, de B & de C.

De même donc que je tiens pour axiome *que le Composé suppose le Simple*, je tiens pareillement pour incontestable, *que le changement du Composé suppose le changement du Simple*.

J'avoue que je ne conçois pas comment le changement arrive; d'où il procede, & comment il s'exécute. Mais je soûtiens que cela ne se conçoit pas mieux dans les Composés que dans les Simples, puisqu'il est visible que le changement n'arrive dans le Composé que par le Simple. Comment un état cesse-t-il, & un autre prend-il sa place? Pourquoi faut-il que le premier cesse & qu'un autre succede? Si cela vient de quelque Cause, ou cette Cause change elle-même, ou elle ne change point. Si elle ne change point, comment produit-elle du change-

changement, fans changer elle-même ?
& fi elle change, comment change-
t-elle ?

Conclurrons-nous, en ne ceffant nous-
mêmes de changer, qu'il n'y a point de
changement, parceque nous ne pouvons
concevoir comment il arrive ? Un Sentiment irréfiftible nous convainc qu'il fe
fait de continuels changemens; & un peu
de Réflexion, que tout changement dans
le Compofé fuppofe un changement
dans les Simples qui le compofent.

Ainfi donc *point de changemens, non
plus que de propriétés, dans le Compofé
que par le Simple.*

§. V.
De l'Etre penfant.

Ceci me conduit à examiner fi Moi
qui penfe, qui éprouve le fentiment de
plufieurs propriétés & de plufieurs
changemens, fi je fuis un Etre fimple,
ou un Compofé.

La queftion revient à demander, *fi ce
qui*

qui sent & qui pense, est un seul Etre ou plusieurs Etres. Si c'est un seul Etre, c'est un Etre simple; si c'est plusieurs Etres, c'est un Composé.

Puis-je douter sérieusement, *si Moi qui pense, je suis un Etre ou plusieurs Etres?* Je ne parle point de cette Collection d'Etres qui se trouve singuliérement unie à Moi qui pense, & qui s'appelle mon Corps. Je parle de Moi-même, de Moi qui pense, l'Ame de ce Corps.

Il est vrai que j'éprouve des pensées très variées & très changeantes. Ce Moi qui pense tantôt nie & tantôt affirme; tantôt il a du plaisir, & tantôt de la douleur &c. Mais je sais que la variété & le changement peuvent & doivent avoir lieu dans un Etre simple; & il me semble que je sens très bien, que, soit que je nie ou que j'affirme, soit que j'aye du plaisir ou de la douleur, je suis le même Etre, un seul Etre, & non plusieurs fieurs. Il ne répugne pas que la variété & le changement se trouvent dans *l'unité*, & j'ai sentiment de mon *unité*. M'en faut-il davantage?

Je nie A & j'affirme B tout à la fois, ou bien je nie & j'affirme C successivement. Le fait est que j'ai un sentiment intime de l'un & de l'autre, de la négation & de l'affirmation, comme de modifications à moi appartenantes. Si je suis un Composé de deux Etres, par exemple; ou bien chacun de ces Etres nie, & chacun affirme; ou bien c'est l'un qui nie, & l'autre qui affirme; ou bien ce n'est ni l'un ni l'autre qui nie ou qui affirme, mais seulement la somme des deux.

Si chacun des deux Etres nie & affirme, chacun est l'Ame complette; il faudroit que je fusse fou d'admettre en moi deux ou plusieurs Ames, qui n'opéreroient chacune que les mêmes choses.

Si

Si l'un nie & que l'autre affirme, comment chacun a-t-il sentiment du jugement de l'autre, comme de quelque chose qui lui appartient? Comment en auroit-il même connoissance, comme de quelque chose d'étranger? Est-il plus difficile qu'il réunisse les deux jugemens, que de réunir deux sentimens ; le sentiment de son propre jugement, & le sentiment du jugement de l'autre?

Enfin si ce n'est ni l'un ni l'autre qui nie ou qui affirme, ni l'un ni l'autre qui pense, mais la somme des deux ; comme ce n'est aucune des moitiés du cercle qui est ronde, mais la Somme des deux moitiés... Cette comparaison éblouissante demande que je m'arrête.

Ce n'est aucune des deux moitiés du cercle qui est ronde; mais l'union, & certaine union des deux moitiés. Ce ne sont ni les côtés ni les angles d'un triangle qui ont quoi que ce soit de triangulaire; c'est un certain agencement du tout,

tout, c'est le triangle qui est triangulaire. Ne se pouroit-il pas que ce qui pense fût un résultat de plusieurs Etres qui n'ayent rien de pensant? Si le triangle avoit sentiment de sa triangularité & le cercle de sa rondeur, ils ne pouroient attribuer la triangularité ou la rondeur à aucun Etre en eux: ils la sentiroient comme quelque chose *d'un* & de *simple*...

Premiere disparité. Je me sens, & je me sens comme *un*; & je suis très convaincu, (j'en dois convenir, si je ne veux chicaner;) que le triangle & le cercle ne se sentent, ni ne se peuvent sentir. Il est absurde de spécifier, comment se sentiroit ce qu'on ne peut présumer se pouvoir sentir.

Seconde disparité. Le cercle & le triangle, sous un point de vûe, sont réductibles en élémens qui n'ont rien de rond & de triangulaire; mais sous un autre point de vûe, ce ne sont que des

cercles,

cercles, ou des triangles, toûjours décroissans, enchassés les uns dans les autres. Y a-t-il en Moi qui pense un autre Moi, qui ne differe de Moi qu'infiniment peu, & ainsi à l'infini?

Pour trancher net, quand je concevrai qu'une Assemblée de Sénateurs éprouve le sens intime d'une Opinion, qui n'est celle ni de Titus, ni de Cajus, ni de Publius, &c, je croirai que je suis une Assemblée d'Etres; Assemblée pensante d'Etres qui ne pensent point, ou qui ne pensent point ce que je pense, Moi qui suis leur Assemblée.

En un mot j'en reviens à ce que j'ai dit il n'y a qu'un moment. Je sais qu'il n'y a de véritables Etres que des Etres simples. Ce n'est qu'à eux que l'existence appartient: *vingt* n'existent que parcequ'*un* existe. Je sais que tous les Etres simples different les uns des autres, & qu'ils sont susceptibles en eux - mêmes

de

de variétés & de changemens. Avec cela je me sens comme *un*, & non comme plusieurs Etres. On me permettra de croire *que je ne suis qu'un Etre, & non plusieurs.*

§. VI.
Du Corps & de l'Ame.

Mais quel est cet attirail d'Etres qui me suit partout, & qui m'est si intimement uni depuis que j'ai connoissance de moi-même; espece de cour & de cortege, qui souvent m'est très utile, & souvent aussi me fait payer bien cher, par des embaras, des soins, & des douleurs, les services que j'en reçois ? Qu'est-ce que *mon Corps* ?

Je ne puis douter que ce ne soit quelque chose. J'y vois différens Composés, très distincts, plus ou moins unis en un tout, dont je suis affecté & que j'affecte réciproquement. C'est donc une multitude d'Etres, à moi subordonnés, sur lesquels j'exerce une sorte d'empire, mais d'une maniere qui n'eſt pas toûjours également tranquille. Il s'en faut beaucoup que je regne en Souverain abſolu, ni que je puiſſe maintenir l'ordre, comme je le voudrois, & prévenir toutes les ſéditions & les révoltes.

De plus je vois un commerce indiſpenſable de mes Sujets avec les Etats environnans, & avec des multitudes d'Etrangers qui ne ceſſent de ſe mêler parmi eux; d'où je reçois des avantages & des déſavantages conſidérables, en général plus de mal que de bien, en ſorte que c'eſt même de ces Etrangers que naiſſent la plûpart des troubles qui s'élevent dans mon Empire.

Je ſais, encore un coup, que tous les Etres different plus ou moins en propriétés les uns des autres. C'eſt donc le cas des Etres qui me ſont ſubordonnés & de ceux qui m'environnent.

Or je ne puis concevoir que trois diſtinctions, ou claſſes générales entr'eux.

Pre-

Premiere distinction. Qu'ils soyent susceptibles de pensée, comme moi.

Seconde distinction. Qu'ils ne soyent susceptibles que de sentiment.

Troisieme distinction. Qu'ils ne soyent susceptibles ni de pensée ni de sentiment.

J'ignore absolument, si ces trois distinctions sont essentielles, ou s'il n'y a point de passage de l'une de ces conditions à l'autre; en sorte que tel Etre simple, qui d'abord n'auroit ni pensée ni sentiment, (comme il me semble que je suis quelquefois,) acquéreroit, par une suite des changemens dont il est susceptible, le sentiment & la pensée.

Quoi qu'il en soit, si parmi la multitude d'Etres qui me sont unis dans cette Association que j'appelle mon Corps, si dis-je, il y en a qui soyent susceptibles comme moi, plus ou moins, du sentiment & de la pensée, je l'ignore; mais je suis très sûr, que ce n'est ni leur sentiment,

timent, ni leur pensée, dont j'ai *conscience*. Cela se passe hors de Moi qui pense; cela n'est pas Moi. Cela ne m'affecte, que de la maniere que font en général, les sentimens & les pensées des Etres qui ne sont point de cette Association. Le *comment* est aussi mystérieux, & aussi inexplicable, dans les deux cas.

Cependant cette Association d'Etres, à la tête de laquelle je me trouve, ne m'est rien moins qu'inutile : je lui dois ma dignité & mon pouvoir.

Je suis un Etre sans elle ; je ne suis une *Ame* que par elle.

Il y a une infinité de choses dont je ne suis capable qu'avec elle.

Le Monarque, le mieux instruit dans l'art de gouverner, n'est qu'un simple Homme, s'il n'a des villes, des campagnes, des arsenaux ; & des Sujets qui habitent ses villes, labourent ses campagnes, & sachent employer au besoin les armes dont ses arsenaux sont remplis.

Un

Un Monarque, qui n'auroit que des Sujets, sans un pouce de terrein à lui, ne seroit qu'un Général, ou un Chef, impuissant à mille égards.

Un Monarque, qui ne posséderoit que de vastes provinces, sans Sujets, perdroit la qualité de Prince, & ne seroit qu'un Solitaire.

Dans l'un ou dans l'autre cas, aucun, ou presqu'aucun moyen, de mettre en œuvre le génie qui n'en est pas moins effectivement en eux.

Une Ame n'en est pas moins ce qu'elle est, un Etre susceptible par son essence de telles ou telles opérations, quoique privée de l'Association des Etres d'où résultent son Corps & ses Organes. Mais soit que ces Etres n'agissent tous que par des tendances aveugles; soit qu'il y en ait parmi eux qui soyent susceptibles de sentiment, & même de la pensée; il est d'expérience que leur Chef ne peut rien, ou presque rien, sans leur secours.

La perte d'une partie de son armée, ou des passages occupés par l'Ennemi, ne dérangent pas plus les desseins d'un Général, que la perte d'un Membre, ou quelque Organe obstrué, ne déconcerte la plus belle Ame.

Je laisse ici un plus grand détail, qui ne fait rien au but où je veux aller.

§. VII.*

De la Cause créatrice.

Elevons-nous à des considérations plus importantes.

Cet

---

* Ce Paragraphe & les trois suivans ont été lûs le 6 Mars 1755, dans une Scéance que le hazard (la Réception de Mr. de Beausobre) rendit publique. Je ne le remarque pas sans dessein. Ayant à combattre des Préjugés d'un ordre respectable, je crus devoir laisser un libre cours à des sentimens de Religion, qui naissoient de mon Sujet; non certainement par une détestable Hypocrisie, mais pour me montrer tel que je suis à la vûe d'une Assemblée nombreuse, & confondre les Calomnies de mes Détracteurs, dont l'un fit en effet son possible pour m'arracher cette occasion.

Cet empire dont je jouis, & cette dépendance où je me trouve dans mon empire, & par cet empire-là-même, me porte à demander d'où me vient cet empire, & cette dépendance; & plus généralement encore, *d'où je suis?*

Je suis: mais ai-je toûjours été, & serai-je toûjours?

L'idée de commencement & de cessation d'Etre me vient par l'expérience journaliere d'une infinité d'Etres composés que je vois se former & se détruire, & par celle des Modifications qui se manifestent en moi & qui disparoissent bientôt après. Mais je ne trouve en tout cela l'idée du commencement & de la cessation d'aucun Etre véritable.

Des Sociétés de plusieurs Etres, & les Modifications d'un même Etre, ne sont point des Etres proprement dits.

Je ne conçois dans le premier cas, que des Sociétés qui se forment ou qui se détruisent, mais je ne vois le commencement ni la fin d'aucun des Individus qui les composent.

Je n'éprouve dans le second que des variations de mon Etre; mais je n'ai point encore éprouvé sa fin, & je ne me souviens point de son commencement.

Ma mémoire ne me rappelle, il est vrai, qu'une durée très courte; mais elle ne me rappelle pas même la millieme partie de la durée dont je suis certain. D'ailleurs je puis avoir existé lontems, privé de sentiment & de pensée. Je puis même avoir passé, (je dis Moi qui pense, Moi Etre simple, & non cette union accidentelle de Moi qui pense & d'une multitude d'Etre à moi subordonnés;) je puis avoir passé successivement par une infinité d'alternatives d'états de sensibilité & d'états d'insensibilité, sans en avoir le moindre souvenir.

Ainsi donc *la seule expérience ne m'apprend point, si Moi Etre simple j'ai j'ai toûjours été, ou si je n'ai pas toûjours été.*

Voyons ce que m'apprend la réflexion.

D'abord je me sens très convaincu, que si j'ai toûjours été je serai toûjours, & que si je n'ai pas toûjours été je pourois bien n'être pas toûjours.

Si je dois finir, vû que je suis un Etre simple, cela ne peut arriver par dissolution, mais par ce qu'on appelle *Anihilation*; & si j'ai commencé, cela n'a pû arriver par composition, mais par une véritable *Création*.

La *Création* seroit le passage du Non-Etre absolu à l'Etre.

L'*Anihilation* seroit le passage de l'Etre au Non-Etre absolu.

Plus j'y pense, moins je conçois la possibilité de l'une ou de l'autre, parceque je n'en ai point d'expérience. Mais si je n'avois l'expérience des changemens qui s'exécutent continuellement en moi

& hors de moi, je n'en concevrois pas mieux la possibilité ; ils ont quelque chose d'aussi étrange, & j'en suis réduit à savoir que je change sans comprendre comment je change.

De ce que je ne comprens point que j'aye commencé à être, ce n'est donc point une raison de nier que j'aye commencé à être.

D'un autre côté de ce que je n'ai point de raison de le nier, ce n'en est point une de l'affirmer, à moins qu'il ne s'en présente des preuves.

Je vois des gens qui tiennent pour bonnes preuves, qu'un Etre vient de Rien, que par lui-même il ne seroit Rien, & que par conséquent *il a commencé*; les changemens-mêmes de cet Etre, ses variations, en un mot ce qu'ils appellent sa *Contingence*: c'est une raison que j'avoue que je ne puis sentir.

Car, ou la Cause qui m'aura donné l'Etre, change; ou elle ne change point.

Si

Si elle change, elle aura dû, comme moi, venir de Rien, & ainſi à l'infini. Si elle ne change point, comment me donne-t-elle l'Etre ſans changer ? Comment eſt-elle la même, quand elle veut me donner l'Etre, & quand elle ne veut pas encore me donner l'Etre ? Le paſſage du non-vouloir au vouloir n'eſt-il pas un changement en elle ? Ou veut-elle & ne veut-elle pas tout à la fois, ſans paſſage, ſans ſucceſſion ? Incompréhenſibilité pour expliquer une incompréhenſibilité !

Si donc il y a une Cauſe créatrice, je ne puis la concevoir, *d'une part que comme incréée, & de l'autre cependant, comme ſuſceptible d'une ſorte de variation:* variation, quand c'eſt moi qu'elle crée, ou quand c'eſt un autre; variation, quand elle me crée, ou qu'elle ne me crée pas encore. Ainſi la variation n'eſt preuve par elle-même que d'une Contingence modale, &

non

non d'une Contingence du fond de l'Etre.

„ Eh bien, ce ne fera point la varia-
„ tion par elle-même, mais la varia-
„ tion jointe à l'imperfection, qui fera
„ preuve de la Contingence effentielle,
„ ou fubftantielle, des Etres: „ autre
raifon que j'ai encore le malheur de ne
point fentir.

„ Un Etre eft imparfait, fujet à la
„ mifere; miférable même: donc c'eft,
„ dit-on, un Etre tout parfait, & très
„ bon, qui l'a créé; c'eft-à-dire, qui
„ l'a fait paffer de l'apathie du Néant à
„ ce doux état. „ La conféquence ne
me paroît rien moins qu'invincible en
foi. Il faut que la chofe foit foûtenue
par d'autres preuves.

„ L'imperfection d'être fujet au mal,
„ ajoûte-t-on, doit être jointe à l'im-
„ perfection de n'exifter point par foi-
„ même. „ Faux Principe qui fe ren-
verfe par plufieurs raifons!

En

En premier lieu, il semble que l'on suppose tacitement, qu'une imperfection doit être jointe à telle autre imperfection que ce soit, ce qui n'est pas vrai.

En second lieu, l'on suppose très effectivement, que ces paroles, *l'imperfection de n'exister point, ou de n'exister point par soi-même*, expriment une imperfection possible; ce qu'on ne prouve point, & ce que je défie de prouver.

En troisieme lieu, je doute qu'exister, fût-ce par soi-même, soit une perfection. Essentiellement heureux, oui. Essentiellement malheureux, non. Baloté entre le bonheur & le malheur, je n'en fais rien.

En quatrieme lieu, à supposer qu'exister, & exister par soi-même, soit une perfection; est-ce que la possibilité, ou la non-répugnance des Attributs n'est pas une perfection? Cependant elle appartient en propre à l'Etre, même borné, né, même imparfait, sans qu'aucune Cause l'en gratifie.

En cinquieme lieu, puisque l'on convient que les Essences des Etres n'ont point besoin de Cause, je voudrois qu'on me fit entendre pourquoi les Existences en ont besoin; des Existences imparfaites, d'une Cause toute parfaite, des Existences misérables, d'une Cause pleine de bonté.

En sixieme lieu, la perfection morale de se déterminer au bien est sans comparaison plus grande que la perfection vague & métaphysique d'une Existence aussi imparfaite que la mienne. Cependant une Conscience me dit que j'atteins quelquefois la premiere; qu'un autre ne fait pas tout en moi. Quelle impossibilité y auroit-il que j'eusse la seconde? la seconde, qui est beaucoup moindre?

Enfin une chose m'effraye, dans la supposition d'une Cause créatrice.... *Un Pouvoir*

Pouvoir qui n'est point subordonné à des moyens !

Qui de rien peut faire quelque chose, pouroit de quelque chose faire un Etre heureux, sans le secours d'aucun moyen.

Qui de rien pouroit faire quelque chose, pouroit de ce même rien faire quelque chose d'incomparablement plus parfait, ne fût-ce qu'au point de perfection où tout Etre seroit content.

La Cause créatrice n'est assujétie à aucun moyen. Rien ne la gêne; & elle ne nous fait que ce que nous sommes.

Ce qu'il y a de plus accablant, les Essences-mêmes se prêtent à elle. Par mon Essence, à moi appartenante, & qui ne doit rien à la premiere Cause, je suis susceptible de cent mille millions de degrés de béatitude, & ainsi à l'infini: & la premiere Cause ne fait de moi que ce qu'elle a fait !

N'étant, encore un coup, *assujétie à aucun*

aucun moyen, qu'eſt-ce qui l'arrête?...
Y auroit-il donc en vous, ô mon Dieu,
un défaut de bonne volonté?...

§. VIII.
De l'idée de Dieu.

Je viens de nommer celui que je
comptois voiler encore quelque tems:
celui vers lequel je marche à grands pas,
ſur les débris des preuves peu dignes de
lui qu'on donne de ſon exiſtence. Je me
feſois effort pour le taire, & je me ſoulage à produire l'idée ſainte que j'ai de
ſon Etre.*

Il y a un Dieu; je le ſens: mais je
veux convaincre les autres que j'ai ce
ſentiment, & l'inſpirer à ceux qui en
ſont privés.

Il y a un Dieu: je veux le prouver à
ceux qui ne le croyent pas; & prouver
à ceux qui le croyent, que je le crois
comme eux, quoique je ne croye pas à
leurs preuves.

Les

* Voyez ci-deſſus la Note, page 374.

Les mauvaises preuves offusquent la Vérité. Je les écarte en passant, & les écarterois, quand ce ne seroit que pour en faire la justice qu'il convient à ceux que je veux gagner.

Un des défauts les plus essentiels des preuves communes de l'existence de Dieu, dans le genre métaphysique, est *de le vouloir prouver comme* CRÉATEUR, au sens strict & rigoureux qu'on donne à ce terme aujourd'hui, c'est-à-dire d'une Cause *qui de Rien a fait les Etres*.

Si Dieu est Créateur en ce sens, & qu'il veuille être reconnu pour tel, il a dû se révéler comme tel. Nous, nous devrons l'en croire, & nous soûmettre : * mais le Myftere est certes trop

au

* Ce n'est point ici le lieu de prouver, *qu'il n'y a pas un seul passage de l'Ecriture, où le mot de* CRÉATEUR *doive être pris nécessairement dans le sens moderne; ni un seul qui le détermine à ce sens.* Il me suffira de rapporter

au deſſus de la Raiſon, pour ſe trouver jamais *Conſéquence légitime d'un Argument de Philoſophie.*

L'Hypotheſe de l'exiſtence de Dieu ne doit point renfermer de plus grandes Incompréhenſibilités, *ni même d'auſſi grandes*, que l'Hypotheſe contraire.

Il ne faut point que la Divinité, qu'on admet dans le Syſtème des choſes pour rendre tout intelligible, devienne, par les fauſſes notions qu'on en donne, *la Piece*

porter ſur ce ſujet une Autorité, d'autant plus conſidérable, qu'elle en renferme une autre d'un très grand poids, & que l'illuſtre Savant qui me la fournit ne ſauroit être ſuſpect, puiſqu'il tient la Création, au ſens le plus rigoureux, pour une Vérité inconteſtable. „ L'Idée de la Création, (dit M. le Profeſſeur Formey, dans ſes Reflexions ſur Salluſte le Philoſophe, pag. 119;) a été
„ *parfaitement inconnue* à toute l'Antiquité,
„ non ſeulement Payenne, *mais même Juive*
„ *& Chrétienne*: comme M. de Beauſobre
„ me paroît l'avoir démontré dans ſon ex-
„ cellente Hiſtoire du Manichéiſme. „ Si deux

Pièce la moins intelligible, & la plus embarassante de tout le Système.

Aucune Démonstration proposable à des esprits qu'on veut gagner, aucune Preuve faite pour prouver à des gens qui ne croyent pas encore, ne peut *porter immédiatement sur l'Inintelligible, ni mener immédiatement à l'Inintelligible.* Que peut-on espérer de ce qui révolte par les deux faces?

Il me semble donc aussi absurde de vou-

deux Théologiens, de l'ordre de Mrs. de Beausobre & Formey, ont crû, & avancé sans scandale, *que le Dogme de la Création a été parfaitement inconnu à toute l'Antiquité Juive & Chrétienne;* ce qui est dire, en d'autres termes, *qu'il n'est, ni ne peut être Article de foi;* il m'est bien permis, à moi simple Métaphysicien, moins obligé, par état, d'ajuster ma créance aux Doctrines reçues, de ne le regarder que comme une Opinion Scholastique, que je puis discuter sans crime. Du moins ne sera-ce pas le zele éclairé de M. le Professeur Formey ni de ses Amis, qui poura le trouver mauvais.

vouloir démontrer l'exiftence de Dieu *par la Néceffité métaphyfique d'une Création*, que fi on la vouloit démontrer *par l'Analogie mathématique de la Trinité*; en prenant ces deux termes au fens de la rigoureufe Orthodoxie.

Encore même le dernier feroit-il moins abfurde, puifqu'il faut convenir que la Trinité étonne plus la Raifon qu'elle ne l'effraye; les conféquences n'en ont rien de fâcheux : au lieu que la Création, prife au fens né dans les ténebres de l'Ecole, *eft la fource des plus cruelles & des plus accablantes Difficultés, contre l'infinie Bonté; fur l'Origine du mal; fur la Liberté & la Moralité de nos Actions, &c.*

C'eft fur tant & de fi fortes confidérations que je me garde bien de préfenter le Dieu que je fens fous l'idée de Puiffance créatrice.

Je frémirois tout le premier de l'idée d'un Pouvoir indépendant des moyens,

qui,

qui, maître d'un mot de rendre tout saint, tout heureux, ne daigne pas le vouloir.

Je me tiendrois pour sûr de révolter par l'idée d'une Immutabilité mal-entendue, qu'on joint à cette Cause : Cause merveilleusement propre à opérer tous les changemens, par la raison singuliere qu'elle ne change jamais.

J'aurois honte des extrémités où l'on se réduit, pour concilier, en tous tant que nous sommes, la qualité d'Etres créés avec celle d'Agens réels, capables de se modifier dans l'Acte-même de la Création.

Je craindrois enfin, que pour attribuer à mon Dieu le chétif honneur d'être Cause du fond de mon Etre, je n'en fisse une Cause tellement universelle, qu'elle s'étendît aux maux, aux maux encore plus qu'aux biens !

Aux maux encore plus qu'aux biens ! Car le mal demeure mal; & le bien lui-même

même est un mal, par comparaison d'un bien plus grand, dont il tient la place, & auquel la Cause créatrice ne daigne point atteindre.

Tant que je n'ai donc en main que le flambeau de la Raison, le seul d'ailleurs dont je puisse faire usage quand j'agite la Question, s'il y a un Dieu ; j'abandonne sans peine l'idée d'une *Création absolue* qui ne peut avoir le moindre fondement, & qui charge la Question des plus effroyables Difficultés.

J'abandonne l'idée pleine de contradictions d'un Etre *invariable, quoi qu'il fasse* ; d'un Etre sans succession, quand il créera, quand il crée, & quand il a créé.

J'abandonne l'idée d'Etre *nécessaire par privilege spécial*, & les Démonstrations sophistiques qu'on en apporte, lesquelles n'ont jamais convaincu que ceux qui croyoient. * Mais,

---

* Je n'en excepte point ce que l'Ecole Wolffienne débite sur ce sujet, avec une Analyse si profonde qui n'en fourmille pas moins de Paralogis-

Mais que dira-t-on, si du terrein resserré où je me renferme, sort la Démonstration la plus invincible, qu'il y a un Dieu.

Et quel Dieu?.... *Un Etre simple, infiniment puissant, infiniment sage, infiniment bon:* ce sont là les Attributs principaux.

Un Etre simple. Cela va sans dire, puisqu'il n'y a de véritables Etres que

des logismes. Les écarts inconcevables que j'ai déja relevés, sur l'importante Définition de *Quelque chose,* sur la belle Démonstration de la Raison suffisante par *le Rien*, & sur la grande Loi de *Continuité,* (Voyez trois Pieces là-dessus dans l'Histoire de l'Académie, Année MDCCLIV.) sont les échantillons de ceux que présente la Théorie du *Nécessaire* & du *Contingent,* de *l'Infini* & du *Fini,* &c, dans Wolff, aussi bien que dans ses Disciples. C'est quelque chose d'admirable, par quelle suite de discussions, avec quel ordre, & quelle méthode, ces Philosophes s'écartent de la Vérité. Les autres n'y mettent assurément pas tant de façons.

des Etres simples, & qu'il n'y a qu'un Etre simple qui soit susceptible du sentiment & de la pensée, que supposent la Puissance, la Sagesse & la Bonté.

Infiniment puissant. J'entens une Volonté capable de réaliser par un seul acte tout ce qui est possible, c'est-à-dire ce qui n'implique point contradiction; la Création elle-même, si la Création n'implique point contradiction.

Infiniment sage. J'entens une Intelligence qui embrasse en un instant, sans peine, & sans effort, tous les Etres possibles, avec leurs propriétés & leurs combinaisons différentes, qu'elle apprécie au juste; qui connoît le passé, le présent, & l'avenir-même, si l'avenir peut être connu.

Infiniment bon. J'entens un Amour sans bornes, & le plus sincere Desir de faire tout le bien possible à tout ce qu'il peut y avoir d'Etres susceptibles de sentiment: Bonté qui rendroit heureux les mé-

méchans-mêmes, en les rendant saints & justes, s'il étoit possible de rendre saints & justes, sans leur concours, des Etres essentiellement libres; mais qui du moins y contribue de tout ce qui est en elle, instructions, remords, châtimens, &c.

Le Dieu que j'essaye de faire sentir comme je le sens moi-même, s'intéresse donc par son infinie Bonté à tous les Etres, dont aucun n'échappe à son Intelligence, non plus qu'à son Action.

Ce Dieu est l'Ordonnateur universel; Législateur; Inspecteur; Juge souverain, plein de justice & d'équité; Rémunérateur de la Vertu; Vengeur du Crime.

Mais le Crime! mais la Vertu! que signifient ces mots?

Pour trancher de trop longs discours; le Crime, c'est tout ce que le méchant peut sans doute desirer de faire, mais qu'il seroit très fâché qui lui fût fait.

La Vertu, c'est la généreuse abstinence de ce que peut-être on voudroit bien faire, mais que nous ne voudrions pas que l'on nous fît.

Il est à la vérité d'autres Vertus & d'autres Crimes, que ce que renferment ces Définitions un peu vagues. Je m'en tiens à dessein aux devoirs les plus généraux de l'Homme en tant que membre de la Société.

C'est le maintien, l'ordre & l'intérêt de la Société, qui demandent qu'on établisse l'idée d'un Etre suprême, juge des actions des Hommes, & garant de la sainteté de leurs Sermens.

Un frein de nos actions secrettes, où les Loix n'en peuvent servir; un motif qui rende le Serment sacré, & le fasse distinguer de l'usage trop libre de la parole. Liens honteux, mais nécessaires!

L'Opinion la plus absurde, reçue religieusement chez un Peuple, peut sans
con-

contredit y procurer ces avantages. Qu'on y soit généralement convaincu, qu'un Farfadet, ou qu'une Buche-même, décele les mauvaises actions, punit les parjures &c; des Hommes imbécilles auront trouvé des freins dignes d'eux. Mais il faudra que l'imbécillité dure. Si la Nation s'éclaire, les *Doutes* viendront; les *Impies* se multiplieront: le lien de la Société sera rompu.

Il est donc de l'intérêt souverain d'une Société raisonnable & qui tend à s'éclairer, que l'idée reçue d'une Divinité puisse soûtenir l'examen.... Elle doit être vraye.

On ne peut par conséquent s'élever avec trop de force contre les fausses idées de la Superstition. Son crime est le même que celui de l'Impiété. L'une & l'autre tend à tout détruire; mais celle-ci en se rapprochant de la Vérité, par un commencement d'usage de la Raison; l'autre en s'en écartant.

N'ap-

N'appréhendant rien tant que les préoccupations où l'Athée peut être contre l'idée de Dieu, je le prie avant que d'engager ma Démonstration, de me dire ce qu'il redoute; *Si c'est un Juge, ou un Tyran?*

Si c'est un Juge la disposition de cœur n'est pas heureuse. Il doit s'élever bien des nuages vers l'esprit. Le remede est de redoubler ses terreurs, & de lui faire voir que son Athéisme (à le supposer *fondé*) n'est rien moins qu'un sûr refuge.

Si c'est un Tyran, je le conjure de me dire ce que le Dieu que j'ai défini a de redoutable pour l'honnête-homme; ce qu'il a de tyrannique. Or c'est ce Dieu que je veux lui prouver; c'est ce Dieu que je veux lui faire sentir, & non un autre.

Qu'il médite bien l'idée que j'ai donnée de sa Bonté. Il verra qu'aucun Etre n'en est exclus; qu'elle s'étend à tous sans partialité, sans acception; à tous, sans la moindre nuance de ces dispositions

arbi-

arbitraires, *Prédestination, Election, &c!* Langage qui seul est un scandale; & la réalité, le renversement de l'idée de Dieu!

Il y verra un Médecin qui ne blesse que pour guérir; un Pere qui ne châtie que pour corriger; un Juge qui ne punit que parcequ'il est indispensable de punir, & qui ne sait ce que c'est que de punir, je ne dis pas des instans de foiblesse, mais des années de crimes, par une éternité de crimes, & de douleurs.

Il y verra l'heureuse Nécessité de bien faire le plûtôt qu'il est possible, puisque tôt ou tard il faudra bien faire pour se tirer d'un abyme de maux; telle étant la Nature des choses, que la Vertu seule mene à la Perfection, & la Perfection seule au Bonheur.

Il verra combien il est à desirer qu'il existe une pareille Bonté, qui veille sans cesse sur des Etres indestructibles de leur nature; & de leur nature, exposés à une infinité de maux, de maux sans fin, dans ces chocs perpétuels qui résultent de leurs actions.

L'aspect de ces maux sans nombre dont la Nature des choses est inondée, ne sera plus un témoin pour lui qui dépose contre l'existence d'un Dieu très bon, puisque ce Dieu n'est point l'auteur de cette Nature vicieuse; puisqu'il est faux que muni d'un Pouvoir indépendant des moyens, il n'eût tenu qu'à lui de faire une toute autre Nature; puisqu'enfin il n'est le Créateur du Monde, qu'en ce sens qu'il est le Créateur de l'Ordre, de la Perfection, du Bien: d'un Bien infini, vers lequel il conduit chaque Etre, par le plus rapide progrès qu'il est possible.

Voilà le Dieu que je sens.... O mon Dieu, élevez le cœur & l'esprit de ceux qui marchent avec moi dans cette nouvelle route; prêtez à leur foible Guide la lumiere, sans laquelle ses paroles ne peuvent obtenir aucun effet!

§. IX.

§. IX.
Du Principe de l'*Aséité universelle*.

Fortifié par l'espérance d'un pareil secours, & bien assuré de ce que je sens au fond de mon ame, j'entame la Démonstration.

L'*Aséité*, que l'on restreint au premier Etre, je conviens avec l'Athée de l'étendre à tous les Etres. C'est ce que j'appelle le Principe de l'*Aséité universelle*; & j'en vais suivre les conséquences. Si elles nous menent paisiblement au Dieu que j'ai défini, autant vaudra-t-il nous en tenir-là.

Puisque j'accorde à ceux avec qui je raisonne, *que quoi que ce soit de substantiel n'a passé du Non-Etre à l'Etre*, je reçois d'eux pareillement, *que quoi que ce soit de substantiel ne peut passer de l'Etre au Non-Etre*.

Ainsi tout ce qui est Substance & non Mode, véritablement Etre ou Etre simple, tout ce qui n'est, pris à part, qu'un seul Etre,

Etre, & non un Composé ou un Résultat de plusieurs Etres, *est nécessaire, a toûjours été, & sera toûjours.*

Nous admettons donc une *Eternité.*

Puisque tout véritable Etre est simple, *sans quoi il n'y auroit partout que pluralité d'Etres, & nulle part des Etres;* & puisque tout Etre simple comporte essentiellement multitude de propriétés, soit constantes, soit variables, *sans quoi il n'y auroit ni distinctions dans les Etres, ni variations dans les Composés;* & de plus encore, puisque tout Etre change, soit simple, soit composé: il s'ensuit *qu'il y a une Succession, & une Succession éternelle,* tant dans les modifications des simples que dans l'existence des Composés.

Mais il ne peut y avoir de Succession éternelle, sans qu'il y ait une infinité de Durées successives actuellement franchies par autant qu'il y a d'Etres qui existent.

Il n'y

Il n'y a pas pour dix mille années, ni pour dix mille millions, ni pour dix mille millions de millions, que quelque chose existe, ou que toute chose existe ; il y en a une infinité.

Nous admettons donc, du moins à cet égard, *l'Actualité de l'Infini*.

L'idée de l'Eternité, & d'une Eternité successive, & par conséquent l'idée de l'Infini, sont donc des Principes, qui doivent être familiers à quiconque admet la Nécessité, ou l'Aséité de tout ce qui est Substance.

Certes je ne prétens point dire qu'on soit tenu dans ce Système plus que dans l'autre, d'avoir une idée tout-à-fait adéquate de l'Eternité, non plus que de l'Infinité.

Je veux dire seulement qu'on est tenu d'articuler une Eternité actuelle *qui n'est pas un Instant unique*, & une Infinité actuelle *qui n'est pas un Point*.

Obligation heureuse, qui nous sauve

de deux Abſurdités auſſi lourdes, que l'Eſprit humain en puiſſe avoir à digérer!

Au reſte, Infinité pour Infinité, il ne nous eſt pas plus difficile d'admettre celle-ci, que d'admettre l'Infinité des Perfections, & des Idées diſtinctes d'un même Etre : &, Eternité pour Eternité, il nous eſt bien plus facile d'admettre celle-ci, que l'Eternité d'un Etre, qui meſurant la Durée infinie à venir des autres Etres ſans qu'aucun inſtant lui en échappe, connoît tous leurs états ſucceſſifs tels qu'ils ſont, (futurs quand ils ſont futurs, préſens quand ils ſont préſens, paſſés quand ils ſont paſſés,) ſans que ces connoiſſances exactement relatives à la Succeſſion ſoyent en lui une Succeſſion. Oh! *credat Apella!*

Mais j'oublie que je parle à gens que cette Doctrine révolte autant que moi, & c'eſt même ce qui leur fait en bonne partie rejetter l'idée de Dieu. Comme c'eſt c'eſt eux, & non les autres qu'il faut gagner, je pourſuis en ne m'embaraſſant que de ce qui doit obtenir leur aveu, en tant que conſéquence de leurs Principes, ſans m'embaraſſer de l'aveu des autres.

Tout ce qu'il y a d'Etres exiſtans exiſte donc de la même date, auſſi bien que de la même néceſſité, que deux & deux font quatre. Or ce n'eſt pas depuis mille ſiecles, ou depuis cent mille millions de ſiecles, que deux & deux font quatre. La concomitance de l'exiſtence de cette Vérité permanente, *deux & deux font quatre*, & de celle des Etres variables & ſucceſſifs, prouve donc encore un coup une Infinité de ſiecles révolus.

Cela conduit à une diſtinction eſſentielle de deux ſortes d'Infinis; l'Infini ſuprème & l'Infini mathématique.

L'Infini ſuprème *eſt ce à quoi l'on ne peut rien ajoûter, par la raiſon qu'il renferme* TOUT. C'eſt, en genre de durée, la somme de *toutes* les durées possibles, passées, présentes & à venir. On n'y peut rien ajoûter, puisque ce qu'on voudroit ajoûter, y est déjà compris, quand on dit *Tout*.

L'Infini mathématique *se fait mieux comprendre par quelque exemple incontestable que par une Définition.* * Telles sont les heures écoulées de l'Eternité, & les heures à écouler. La quantité de celles-ci diminue toûjours, & la quantité de celles-là augmente, sans qu'il soit possible de dire, que le nombre des unes & des autres soit *fini*. Ce

---

* J'en dirai la raison dans ma *Théorie de l'Infini*. En attendant, je demande à l'Ecole Wolffienne.... Appellant T la totalité des Etres possibles, ou si l'on aime mieux, la totalité des Idées distinctes présentes à l'Entendement divin, que sera-ce que $T + 1 + 2 + 3$ &c? Une vraye chimere. Mais $T - 1 - 2 - 3$ &c est bien réel. Or sera-ce quelque chose de fini ou d'infini? J'avertis pourtant que ce n'est point encore là, selon moi, l'Infini mathématique, mais un Infini mitoyen qui me sera d'un grand usage.

Ce n'est que de l'Infini mathématique dont nous pouvons encore assurer l'Actualité. Le genre d'Infini dont nous avons l'exemple, celui de la durée, ne peut jamais être actuel; mais nous n'en devons point conclurre, qu'aucun genre d'Infini suprème ne puisse être actuel.

Nous devons admettre de l'Infini mathématique, tout ce que les Mathématiciens ont eu le courage d'en enseigner.

L'Infinité des heures écoulées étoit plus petite hier, puisqu'elle contient aujourd'hui des heures qu'elle ne contenoit point; & demain par la même raison elle sera plus grande, puisqu'elle contiendra ce qu'elle ne contient point en ce moment. C'est le contraire pour les heures à écouler.

L'Infinité des heures est, au pied de la lettre, soixante fois plus petite que celle des minutes, & vingt-quatre fois plus grande que celle des jours.

L'Infini mathématique *est donc sus-*
ceptible

ceptible de tous les degrés imaginables de quantité.

Au contraire, l'Infini suprême n'est susceptible d'aucun degré. C'est la Somme complette des Individus, des Finis, & des Infinis possibles ; c'est le *Tout* dans le genre dont il s'agit.

Présentement que pensons-nous de la Quantité des Etres ; *possibles, ou existans ?* (car c'est tout un, dans le Principe de l'Aséité admis entre nous.) Est-elle finie, ou infinie ? & si elle est infinie, l'est-elle du degré suprème de l'Infini ; ou seulement de quelque degré inférieur, à quoi il se puisse ajoûter quelque chose ?

En conscience, ne sentons-nous pas que la Quantité des Etres possibles, ou qui ne renferment point contradiction, n'est pas une Quantité finie ? qu'appellant N un nombre quelconque, prodigieusement grand, il est aussi absurde de supposer qu'il n'y a que dix fois N d'Etres d'Etres possibles, que de supposer qu'il n'y en a que dix?

Nous concevons des nombres, des lignes, des figures, des corps, des distances entre ces corps, & des espaces à l'infini. D'où viendroit cette faculté de concevoir à l'infini? si ce n'étoit, au moins d'une possibilité infinie; possibilité d'une infinité de Collections d'Etres, & par conséquent d'une infinité d'Etres?

La Sphere des possibilités, je dis même des possibilités d'Etres, est donc infinie; & c'est une Infinité du degré suprème, une *Omnitude;* puisque qui dit *tous les Etres possibles,* les renferme tous, sans qu'il en reste que l'on puisse y ajoûter.

Mais dans le Principe que rien de substantiel ne passe du Non-Etre à l'Etre, aucun Etre proprement ainsi appellé *n'est purement possible:* aucun Etre proprement dit n'est *possible* au sens de ne renfermer point contradiction, & cependant *impossible* au sens de ne pouvoir exister. Quoique cette possibilité & cette impossibilité fussent en des sens différens, elles répugnent par un autre endroit. On conçoit qu'il est absurde de supposer, qu'une partie des Etres *non-contradictoires* ayent l'existence éternelle & nécessaire, & que les autres l'ayent impossible; impossible, dis-je, puisque qui n'existe pas une fois ne peut plus exister dorénavant.

Dans le Principe de l'Aséité universelle, nous sommes donc contraints d'admettre l'existence, & l'existence éternelle & nécessaire *de l'Infinité complette des Etres* qui n'impliquent point contradiction.

En effet, dans notre Principe, qui de nous est tenté de supposer *un bout*, *une fin*, à la Collection des Etres qui nous environnent, soit en haut, soit en bas, soit à droite soit à gauche, soit devant

vant soit derriere, même à des distances mathématiquement infinies?

Nous admettons donc *l'Actualité de l'Infini, & d'un Infini suprème*, au moins en genre de multitude; *l'*Omnitude *des Etres; des Infinités d'Infinités d'Infinités d'Etres, de tous les degrés & de toutes les puissances de l'Infini.*

§. X.
Des Etres supérieurs.

Ces Principes posés, je crois avoir beau jeu contre l'Athéisme.

Il est visible qu'il n'y a point de genres, ni de degrés dans ces genres, qui n'existent nécessairement, & ne se trouvent quelque part dans l'Universalité des Etres.

Nous savons d'ailleurs que dans l'Universalité des Etres, dans l'Infinité suprème de la multitude d'Etres véritablement Etres, d'Etres simples éternellement existans, il n'y en a point qui ne differe de tout autre, en quelque chose d'essend'essentiel & d'incommunicable, soit par rapport à la nature des propriétés, soit par rapport à leurs combinaisons & à leurs degrés; comme les nombres & les différens genres de figures.

Autant il seroit absurde de nier un degré entre les nombres, ou un genre entre les figures; autant le seroit-il de nier un genre ou un degré entre les Etres.

Si donc les noms de Puissance, d'Intendance, de Prééminence, d'Intelligence, de Bienveillance, &c, ne sont point des noms plus vuides de sens, que ceux des nombres & des figures, & si ce ne sont point choses dont l'union ou la combinaison implique; tel degré fini étant donné, il est aussi absurde de nier la possibilité & l'existence d'un degré plus haut, que de nier tel nombre, ou telle figure, qui n'implique point contradiction.

Mais il faut être assuré *que rien n'implique:*

plique : sans quoi l'on risque de réaliser les idées les plus chimériques ; des *Biangles*, ou *plus de cinq* Polyédres réguliers ; des Nombres *quarrés*, ou *cubes*, doubles les uns des autres ; une *Bonté infinie*, qui ne feroit pas aux Etres, objets de sa tendresse, (de son infinie tendresse !) *l'infinitieme partie du Bien* qui seroit en son pouvoir.

C'est donc à nous à sonder nos consciences de bonne foi, pour voir s'il nous est possible de douter sérieusement si *Intelligence, Bienveillance, Puissance*, ne seroient pas des noms vuides de sens, comme ceux de *Biangle*, ou d'*Heptaédre régulier*.

Pour voir, si dans la supposition que ces idées soyent réelles, nous ne serions pas tentés de craindre, qu'elles ne se détruisissent *comme les couleurs* en se combinant, & ne fussent point susceptibles de degrés à l'infini.

Pour voir, si ce qui nous manque, pour

pour faire que tout Etre se porte au bien, & soit heureux en se portant au bien, & par cela-même qu'il se porteroit au bien, n'est pas la faculté de le faire, sans qu'il nous en coûte *que de vouloir qu'il soit ainsi*.

Pour voir, si nous doutons néanmoins que nous ayons quelques degrés de Puissance, comme d'Intelligence & de Bienveillance, & que de grands Rois en ayent sans comparaison plus que nous, par quoi, semblables au sage Monarque qui nous gouverne, ils savent *rendre heureux les peuples, récompenser les belles actions, punir les mauvaises, & tenir la Terre dans l'admiration de leurs Vertus*.

Pour voir enfin, si nous ne sommes pas intimement convaincus, qu'une Intelligence cent millions de fois plus grande que celle de Neuton ou de Leibnitz, & une Bienveillance cent millions de fois plus étendue que celle de Titus, jointes à une Puissance proportionnée, *sont très possi-*

possibles, soit dans le Globe, soit hors du Globe que nous habitons.

Il y a l'infini à parier, *que dans la variété infiniment infinie de l'Omnitude des Etres, il y a quelque Etre*, dont la Bienveillance, l'Intelligence & la Puissance, sont à celles du plus grand Prince, & du plus grand Philosophe, dans le rapport précisément de N à 1. Et j'entens par N le nombre d'Etres, tant simples que composés, contenus dans notre Système planétaire, par exemple.

Il y en a, (du moins pour moi, & pour quiconque sait suivre comme il faut les conséquences d'un Principe:) il y en a *la même certitude*, que de l'existence d'un pareil nombre de millions de millions de siecles dans l'Eternité, & d'un pareil nombre de millions de millions de lieues dans l'Immensité.

Un tel Etre, ou de tels Etres, de l'existence desquels je ne puis pas plus douter que de la mienne propre, sont encore

infini-

infiniment éloignés *du Dieu suprême, que je sens au delà;* mais ce sont autant d'échelons qui m'y menent.

Combien les Dieux de Rome & de la Grece ne leur sont-ils pas inférieurs? ces Dieux dont l'Opinion a suffi si lontems à contenir les Peuples!

Leur Intelligence, que j'ai droit de supposer aussi étendue qu'il est nécessaire, me permet-elle de douter que je ne les aye pour temoins de mes actions; leur Bienveillance qu'ils n'y prennent part; & leur Puissance, qu'ils n'agissent conformément à ce qu'exige dans les différens cas une Bienveillance digne de ce nom?

Voilà déjà bien de quoi arracher à l'Athée pratique, ainsi que je lui ai promis, la sécurité qu'il cherche dans l'Athéisme.

S'il a quelques lumieres, qu'il combine ce que je lui démontre, dans ses propres Principes, de l'existence d'Etres supérieurs, aussi éclairés & aussi vigilans qu'il est

est besoin, avec ce que l'Histoire ancienne & moderne, l'expérience journaliere, & l'opinion de tous les Peuples, confirment d'une Providence qui poursuit le Crime.

Que si l'Athée pratique est sans lumieres; les gibets & les roues sont les seuls raisonnemens qui lui conviennent.

Mais n'y a-t-il pas ici de quoi jetter également l'épouvante chez tous les Hommes?.... Ne trouvons-nous pas, dans notre Principe, l'existence des mauvais Génies, aussi bien & aussi clairement constatée que celles des bons?

Je l'avoue; & je ne puis me persuader que ce soit un inconvénient d'aboutir à ce qui a été, dans tous les tems & dans tous les lieux, la créance des plus grands Philosophes, & de toutes les Religions imaginables.

Du moins y vois-je cet avantage: un motif de plus de nous rendre attentifs aux preuves, qui vont suivre, de l'existence ce d'un Dieu suprême; existence desirable d'un Dieu supérieurement Dieu, d'un Dieu vraiment Dieu, entre les bras de qui de foibles Etres, tels que nous, puissent se jetter avec confiance; un Dieu, dont l'infinie Sagesse, & l'infinie Bonté, sauront mener au bien les Natures-mêmes les plus vicieuses.

Or c'est à ce Dieu qu'il s'agit, Messieurs, d'atteindre présentement.

[Le reste de la Piece a été effectivement lû à l'Académie, le 1 Mai 1755; mais de peur de trop grossir ce Volume, on renvoye ce Morceau au Volume suivant.]

Fin du Tome II.

TABLE
des Pièces contenues dans ce Volume.

SUJETS DE DISSERTATIONS.	5
LA FAUSSE MINERVE; ou le bon Avis de Momus.	10
CONTRASTE entre Alexandre & le Sage de Brandebourg.	19
MAL-ENTENDU GENERAL dans la Question de l'Optimisme.	33
LETTRE à M. Adolphe Frideric Reinhard, Auteur de la Piece couronnée par l'Académie en 1755.	67
REMARQUES sur la Piece couronnée par l'Académie en 1755.	75
FOUDRES de M. Gottsched,	137
OBSERVATION sur une prétendue Merveille, qu'on a souvent entendu attribuer à la Langue Chinoise.	147
DU MOI PHYSIQUE ET DU MOI MORAL; ou de l'Etre & de la Personne.	160

DE L'ETAT DE SIMPLE SENSATION; S'il peut être susceptible de Bonheur & de Malheur. 191

PARADOXE sur l'existence réelle d'un Corps en divers lieux. 212

THEOTIME; Fragment d'un Discours lû à l'Académie le 19 Octobre 1752. 243

LETTRES sur le Principe des Epicuriens.

   PREMIERE LETTRE 269
   SECONDE LETTRE 284
   TROISIEME LETTRE 289
   QUATRIEME LETTRE 295
   CINQUIEME LETTRE 300

REFLEXIONS sur un Travers presque général dans l'admiration des Merveilles de la Nature. 307

LE HAZARD ORDONNATEUR; Démonstration de l'insuffisance des Preuves physiques, & de la nécessité des Preuves métaphysiques de l'existence d'un Ordonnateur intelligent. 329

LA THEOLOGIE DE L'ETRE; ou Chaîne d'Idées de l'Etre jusqu'à Dieu.

§. I. De la Simplicité de l'Etre. 350
§. II. De la Distinction des Etres. 352
§. III. De la diversité dans le Simple. 355
§. IV. De la Mutabilité du Simple. 360
§. V. De l'Etre pensant. 363
§. VI. Du Corps & de l'Ame. 369
§. VII. De la Cause créatrice. 374
§. VIII. De l'idée de Dieu. 384
§. IX. Du Principe de l'Aséité universelle. . 399
§. X. Des Etres supérieurs. 409

www.ingramcontent.com/pod-product-compliance
Lightning Source LLC
Chambersburg PA
CBHW051834230426
43671CB00008B/952